历史来了 1

学科阅读推广工程

高怀举 主编

本册主编：段进生

本册副主编：李　霞　李林林

编写人员：段进生　任文静　李林林
冉　燕　郭莉莉　吴冬梅
李彦君　郭燕飞　李　霞

山东城市出版传媒集团·济南出版社

以阅读体味历史课堂　用阅读提升学科素养

（代序）

近年来，学科阅读的概念越来越受到重视。以教材为起点，引入丰富的相关文本，拉近课堂与课外的距离，拉近阅读与学习的距离，能使课堂变得更有张力和活力，形成对课程的深度学习，构建起学科思维和学科素养，并进一步拓宽学科视野与探究能力。

这样的学科阅读，无疑能为我们的终身学习奠基。在此趋势下，我们组织力量，深入调查研究，认真总结分析，反思教材，反思教学，最终认识到：历史不只是抽象的年份与地点，她有具体的时间与空间；不只是干瘪的事件与人物，她有鲜活的情节与细节；不只是生硬的过程与因果，她有深厚的思想与智慧。基于此，我们编写了这套《历史来了》，目的是通过彰显历史生命活力，揭示历史内在规律，培养历史学科思维，提升历史学科能力，并进一步引发学习历史的兴趣。

而阅读，无疑是历史学习的重要途径。在阅读过程中，我们的思维过程能触及历史思维能力和学科素养的方方面面，从历史叙事中汲取史实、史料信息，对有疑惑的历史叙述、解释、评价提出质疑或反驳等。可以这么说，以阅读来体味历史，用阅读提升素养，是走进历史课堂的捷径。

苏霍姆林斯基曾说过："让学生变聪明的方法，不是补课，不是增加作业量，而是阅读，阅读，再阅读。"同学们，我们真诚地期盼，你们能从这套《历史来了》的阅读文本中，感受到历史学科的丰富多彩、生动有趣、有血有肉，让你们的历史学习之旅走得更有效、更坚实、更宽广。

目 录

一　疯狂滋味

——史前餐桌大起底

“老板，有没有清蒸熊猫？”如果你在餐馆吃饭时听到隔壁桌的食客这样点菜，是不是感觉很恐怖?!

而在香港的一部荒诞穿越剧《重回三国》中，穿越时空回到东汉末年的主人公，竟然发现漫山遍野都是大熊猫，吃的第一餐也是熊猫肉！

你是不是感觉，不是自己疯了，就是世界疯了！

但是，这种情况到底有没有可能存在呢？

事实上，在距今100万—1万年前这个时段里，重庆盛产熊猫，它们已经成为史前人类的餐桌佳肴。

图1　远古熊猫

那么，原始人的餐桌上还会有哪些奇葩的食材呢？今天我们就穿越时空，去瞧瞧远古史前的餐桌，尝尝那些疯狂的滋味吧！

史实寻踪

开发舌尖——史前食谱

民以食为天，远古人类更是如此。远古人的食谱是什么样子的呢？考古学家通过分析各种遗迹和文物，推断出来可能是这样的。

首先，他们可能会吃犀牛、剑齿虎！

巫山人最后的晚餐

1985年，考古工作者在重庆巫山县庙宇镇龙坪村龙骨坡，发掘出一段带有2颗臼齿的残破直立人左侧下颌骨化石以及一些有人工加工痕迹的骨片。1986年又发掘出3枚门齿和一段带有2个牙齿的下牙床化石。经学者研究，龙骨坡遗址出土的遗物代表了一种直立人的新亚种，后被定名为“直立人巫山亚种”，一般称为“巫山人”，距今约201万—204万年。“巫山人”化石有可能是中国境内迄今发现的最早的人类

图2 巫山人牙齿化石

化石。

在遗址中还出土了包括步氏巨猿、中国乳齿象、先东方剑齿象、剑齿虎、双角犀、小种大熊猫等116种早更新世初期的哺乳动物化石。这说明在旧石器时代，生活在滨河山林的远古人类为了维持生存，往往要与形体和力量远远超过自己的动物搏斗，庞大的犀牛、凶猛的剑齿虎都曾经是他们的腹中之物。关于这一点，现在看起来是不是特别酷？

图3 剑齿象复原图

而且大自然提供了更为丰富的食物资源，野兽野禽、螺蚌鱼虾都难逃原始人的搜寻。

素食也可以摆上餐桌

除动物外，那些长在枝头、结在藤蔓、埋在土中的各类果实和野蔬是远古人类更可靠的食物来源。当这些果蔬一时也寻觅不到的时候，远古人类便将注意力转向植物的茎秆和花叶，选择品尝那些适合自己胃口的东西。不知经过多少世代的尝试，也不知付出多少生命的代价，才筛选出一批批可食的植物及果实。

在《考古科学》杂志上，巴西圣保罗大学人类生物学试验室的专家称，他们从巴西发现的牙齿化石中提取到了4%的盐酸活性成分，以及3种微体化石成分。通过显微镜观测，科学家又从中发现了远古海藻的遗留物，以及部分由植物性食物沉积而成的植物岩。由此可以推测，这位数百万年前死去的远古人，曾经进食过海洋贝壳类食物，以及部分植物的块茎。

科学家还研究了两种早期人类——非洲南方古猿和“罗百氏傍人”。前者生活在大约300万年前的非洲南部，而后者晚了大约100万年，也生活在相同的区域内。科学家发现，这两种早期人类的饮食结构非常相似，但在非洲南方古猿的食物中，有韧性、不易咬动的食物占的比重可能更大，而在“罗百氏傍人”的食物中，脆的食物可能更多一些，比如植物的种子等。在食物充足的时候，这两种原始人类可能都喜欢吃便于食用且富含能量的食物，比如各种水果。然而在食物不足的时候，他们的食物就会变得大不相同。在这个时候，他们就会以更加有韧性的食物为生，比如树叶和植物的茎干等。

由于动植物的种类和数量是随着季节变化而不断变化的，因此对于以采集和渔猎为生的远古人类来说，季节、地点和运气决定了他们在某一天能否吃上食物。如果幸运地猎获到一只大野兽，他们在接下来的几顿甚至数天都能饱食野味；但是如果运气不佳，甚至连一只小动物都捉不到的话，那就只好采摘些山果来充饥了。在开拓食物资源的过程中，这可能是人类走过的一段最艰难、最漫长的路。

终于不再靠天吃饭

在距今1万年前后，随着农业的发明和制陶术的出现，人类社会开始进入考古学家所说的新石器时代。我国境内的远古人类学会了粟、黍、稻三大谷物的栽培技术，使粮食作物开始成为远古人类赖以为生的主食。

图4 河姆渡稻谷遗存

居住在中国华北黄土地带的远古人类开始种植粟，而住在水源充足的南方祖先则以种植水稻为主。中国南北饮食传统的差异，尤其是主食结构的不同，在史前时代就已经开始奠定基础。

图5 整猪陪葬

原始农业的发展带动了家畜饲养业的发展。人类最早驯化的家畜是狗和猪，南北方均有饲养。中国传统的“六畜”，即马、牛、羊、鸡、犬、猪，在新石器时代均已驯育成功。这说明，我们当今享用的肉食品种格局，早在史前时代便已经形成了。

除了人工养殖的家畜，远古人类还捕猎种类多样的野生动物“打牙祭”。仰韶文化半坡居民的肉食品种中就有鹿、獐、鼠、野兔、狸、貉、羚羊、雕和鲤科鱼类。龙山文化居民享用的野味除了鹿、獐、兔外，还有螺、蚌、鳖。大汶口文化居民甚至以龟和扬子鳄为美味。

远古人的食谱上除了有种类丰富的主食和五花八门的肉食外，蔬菜也是不可缺少的部分。考古人员在远古遗址中发现了20多种蔬菜和果树的种子或果核，其中包括油菜、葫芦、甜瓜子、瓜子、大豆、蚕豆、花生、桃、杏、梅、酸枣、栗子、胡桃、榛子、橄榄、柿子、桑、朴树子、橡子、松子、麻栎果、菱角、芡实、莲子等。真可谓，五谷果蔬、飞禽走兽、虫鱼蚌鳖、海味山珍皆可为美食。由此观之，中国烹饪选料广博的传统其实是植根于史前时代的。

神厨辈出——烹饪技术

有了丰富的食物原料，并不等于就有了美味佳肴，关键还在于烹饪的技术。在火尚未被发明的漫长年代里，远古人类并不需要通过任何烹调过程就可以将食物原料直接送入腹中；当用火和取火技术发明后，人类开始进入熟食阶段，烹饪才得以真正实现。可以说，人类真正的饮食文化，是从火堆里孕育出来的。

烧烤——来自远古的美味

对于火的认识，中西方各有说法。西方人赞美着神话中的普罗米修斯，认为是他把天上的火偷出来送给了大地上的人类；中国人则把敬仰的目光敬献给了古代传说中的人民英雄燧人氏！

图6 燧人氏钻木取火

燧人氏的出现，掀开了人类文明进程的篇章。

火很早就出现在自然界中，如遇到火山爆发、打雷闪电，附近的树林就会因此燃起大火。原始人偶尔捡到被火烧死的野兽，拿来一尝，结果不吃不知道，一吃吓一跳，味道真的是好极了！

可那时的人类还没法子将火种保存下来，使它常年不灭。

在先秦的古籍中有这样的记载：那时在中原大地，也就是今天的河南省商丘一带，是一片茂密无边的大山林。在山林中居住的人们手持粗糙的石器，经常捕食野兽。一日，当击打野兽的石块与山石相碰迸发出一串串火花时，燧人氏眼前一亮，受到启发。于是，他以石击石，用产生的火花引燃火绒，生出火来。而这种通过火镰和火绒取火的方法在几十年前的河南商丘农村中仍在使用。

但在当时，这种能够取火的燧石并不是遍地都有。世上无难事，只怕有心人。一日，一位善于思考的先哲从鸟啄燧木出现火花的现象中得到启示，开始了钻木取火。

钻木取火是根据摩擦生热的原理产生的。木质材料在摩擦时，由于摩擦力的作用，很快产生热量，加之木材本身就是易燃物，所以就生出火来了。

这位圣贤把“钻木取火”的方法教给了人们，人类从此学会了人工取火，开始用火烤制食物、照明、取暖等，人类的生活从此进入了石烹时代的饮食阶段。例如，用石臼盛水和食物，用烧红的石子烫熟水和食物；把石片烧热，再把植物种子放在上面焙炒后食用。

燧人氏的故事虽然是个传说，但是远古人类会使用火的的确确是真实的。

考古学家在北京人遗址中发现了大量石制工具和用火遗迹，这一直被中外史学家认为是世界上最早的人类用火证明。除此而外，据考古学家新的发现，在距今约为180万年前的山西芮城和距今约80万年前的陕西蓝田，也曾发现古人类的用火痕迹，而距今约18000年前的山顶洞人则已脱离了保存天然火种的阶段，掌握了人工取火技术。

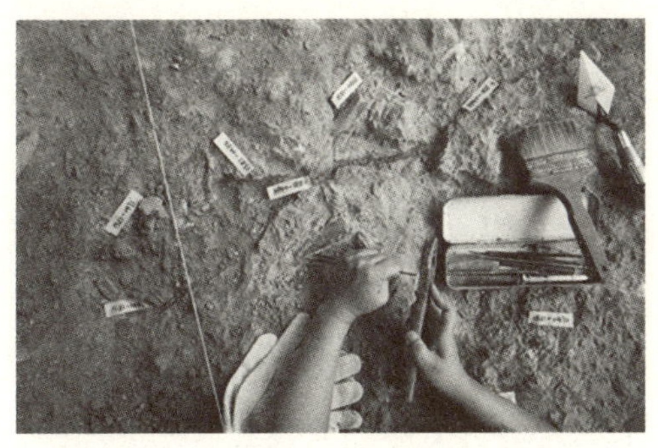

图7　周口店遗址发掘到的烧骨烧石

在刚开始学会用火的时间里，人们的烹饪方法还非常有限，比较常见的就是把兽肉放在火上烘烤，或用树枝把肉串起来直接放在火上烧烤。远古人类还尝试着用大自然的竹筒和荷叶等当来辅助熟食。在我国许多西南少数民族中，竹筒饭就是自古传承下来的一种普遍的烹饪方式：将米放在薄竹筒内，加少许水，用树叶把口塞住，将竹筒放在火上烧，烧熟后劈开竹筒就可以吃到香喷喷的竹筒饭。

当远古人类发现烧烫的石头也能起到熟食的作用时，石烹法便出现了。人们把一块石板放在篝火上烧，等石头烧热后，再把需要烘烤的食物放在石板上，以达到熟食的目的。今日鲁南人民的主食煎饼，实际上就是史前石烹法的延续和改良。而陕北人的石头饼，则完全是石烹法的延续：在锅里干炒一些石子，然后把擀好的薄饼放在石子上，通过石子的热量把饼烘熟。

蒸煮——把健康美味带给您

无论是烧烤法还是石烹法，对于谷物来说都并不适宜。当谷物成为人类赖以为生的主食时，人们便迫切地渴求一种新的烹饪方式，让谷物变成真正的美味。于是，陶器出现了。

陶器是以黏土为原料，塑形后经高温焙烧而成的。据专家考证，人类最初的陶制炊器中掺有沙粒、谷壳、蚌壳末等，具有耐火、不易烧裂和传热快等优点；而作为食器的陶器由于不直接接触火源，所以一般不加沙粒，表面较为光滑。有了陶器，火食之道才开始完善起来，陶烹时代也就到来了。

图8 釜

图9 陶 甑

最先出现的谷物烹具是陶釜，大致类似于今日的砂锅，既可以煮粥，又可以烹羹。到了稍晚一些的时代，一些地区的陶釜被陶鼎、陶鬲等炊器取代。釜、鼎等器具可以用来煮粥与羹之类的流质食物，而当人们希望得到口味不同的非流质食物时，便发明出了陶甑。陶甑的形状与盆、钵近似，在底部有数目较多的圆孔，如同我们现在蒸笼里的箅子。使用时，陶甑上有器盖，把甑放在釜和罐上，为上下复合形器物。下部器物内，还可以用来炖煮食物，而蒸汽直接供给上面的陶甑，把食物蒸熟。

优雅进餐——餐具与调味

距今7000多年的史前人普遍用勺子吃饭，这可能跟烹饪方法有关系。那时候人们普遍用陶器煮食物，煮出来的常常是稀饭，而稀饭刚出锅的时候很烫手，用勺子则是最省事的。那时候的勺子，可不是现在我们所用的勺子，而是随处可见的石头片、骨头和木棍等。从考古发现的勺子来看，勺把上一般都有穿绳子的孔，专家推测当时的勺子是系在腰上的，因为那时候还没有橱柜之类的家具来放置勺子，系到腰上就不容易丢失，而且便于随时取用。考古学家在多个新石器时代遗址中发现了大量的餐匙，主要分为匕形和勺形两种。匕形餐匙以兽骨为主要材料，一般为扁状长条形，类似柳叶，末端有比较薄的边口，方便进食。勺形餐匙则明显做出勺和柄，形状与我们现在使用的小勺相似。从众多遗址的发现来看，匕和勺是南方和北方的原始居民普遍使用的一种进食器具。

除了勺子，也许难以置信，中国最古老的进食器具中，居然还有餐叉。这种餐叉大多是骨质，跟我们现在用的西餐餐叉非常接近，而且出土的时候，是和勺子和骨刀配套的，跟现在西餐餐具的配套也是一样的。

调味品也随着烹饪术的发展而丰富起来。最早的盐，大概是来自动物的血液，这就是“茹毛饮血”的来历。到了商代，调味品主要是盐和梅，取咸、酸两味为主味道，正如《尚书》中所言：“若作和羹，尔惟盐梅。”周代有记载的调味品已经多达120种，而且有了比较严格的配食法则。据《礼记》记载：“脍，春用葱，秋用芥。豚，春用韭，秋用蓼。脂用葱，膏用薤。三牲用藙，和用醯，兽用梅。”也就是说，烹饪不同的食材，应使用不同的调料；烹饪同一食材，还应根据季节变换而改用别的调料。中国博大精深的烹饪术在那时候就已经奠定了。

史论纵横

人类的起源与“熟食”

距今约500万年前，地球表面的气候逐渐寒冷干燥，中纬度地区的常绿阔叶林变为更易燃烧的落叶混交林，原先在潮湿环境中较少出现的由雷电触发的森林大火开始频繁发生。这样，就经常有动物在烈火中被烧死，散发出香味，刺激了古猿的食欲，它们开始捡食烧死的动物，发现熟肉不仅味道鲜美，还易于咀嚼，于是烧熟的动物逐渐成了古猿的主要食物来源。由此，素食的古猿转变了食性。因为从南方古猿那适合咀嚼坚韧难咬食物的粗大结实的臼齿可以断定，早期古猿摄取的食物中大部分是成熟的果实和树叶等。食物的改变对古猿转变成人起到了不可低估的巨大影响。

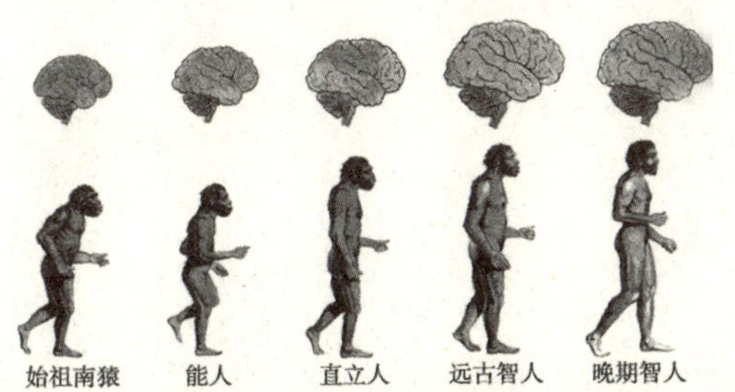

图10 人类的进化

一切生命活动都是细胞活动的结果，细胞的生长、增殖等过程都是通过生命体的进食、消化、代谢等功能系统实现的。经过高温烧烤后，熟肉中的大分子蛋白质分解成了非常容易消化吸收的有机小分子——氨基酸，这为古猿的身体发育特别是需要大量蛋白质营养的器官——大脑的组织细胞，提供了更利于转化能量的丰富原料，于是古猿的大脑不断发达起来。由人类与古猿的头部特征对比，可以看出熟食的显著影响：一，由于脑容量增大，后倾窄小的前额变得宽大突出；二，因熟食减弱了咀嚼机能，嘴的功能退化，牙齿变小，颌部缩短。可见，从生食转向熟食，为人类体质的演化和智慧的形成奠定了坚实的基础。

史说新语

人类到底是从什么时候开始吃肉的？

一块2岁幼儿的头骨，记录了这个问题的答案。2012年，美国科罗拉多大学人类学副教授查尔斯·慕斯巴在坦桑尼亚的一个大峡谷中，发现了这块历经150万年风雨的头骨。

“它证明150万年以前，我们并不是被动的食肉者，已经能够自己主动去猎取和食肉了。”

从食腐，到食草，再到食肉的过程，表明了远古人类需要蛋白质来保证脑部生长和进化，食肉能够促进脑部发育。慕斯巴说，食肉是猿类转化为人类的特征之一。

致力于证明肉在人类进化中重要作用的人并不只有慕斯巴一人。2005年在美国科学促进会的年会上，就有美国科学家发表了一份最新研究成果，表明：吃肉这一习惯对人类身体的进化过程产生了巨大的影响。它不仅使人类的脑容量显著增加，还使人对食物中脂肪及胆固醇的处理能力得到增强，并且改变了人的牙齿结构和体形。

为了更好地吃肉，人们开始驯养一些没有太大攻击性并且肉质鲜美的动物，作为长期的供肉后备军，猪、牛、羊、狗和其他禽类被人类圈入草棚、洞穴中。

而因为吃肉得到进化的人类，也开始表达对动物和肉类的热爱和赞颂。在位于西班牙一座山上的洞窟里，洞壁上有一幅长达15米的群兽图，上面有20多头健壮的牛、马和野猪。

可见，吃肉并不仅仅是嚼肌的运动，在从古到今人类对肉食的探索中，它已经自然而然融合进了人类进化的一部分。它是人类对“好”的主动追求，或者说，它是文明。

【参考文献】

1. 王明德、王子辉《中国古代饮食》，陕西人民出版社2002年。

2.《祖先的生活——锅碗记》，中央电视台科教频道2007年6月18日《走近科学》栏目。

3.《龙骨坡遗址第四次发掘发现巫山人最后的晚餐》，人民网2011年12月2日。

4.《科学家通过牙齿化石了解远古人类日常饮食》，新浪网2007年3月22日。

二　“捡”来的史前文明

——黑陶和龙山文化

1928年3月28日，年仅28岁、当时还在齐鲁大学任助教的考古学家吴金鼎来到济南，准备考察汉文化平陵古城，路经与龙山镇隔河相望的城子崖时，从路沟断崖上观察到这里可能有一个古代文化层。10天之后，吴金鼎又来到这里，不经意间捡到了一些陶片、贝壳、兽骨等物。这一“捡”，“捡”来了一座原始社会的古城遗址。同年7月31日，他再次来到这里，从4米深的地下挖掘出一只完整的石斧。紧接着他又先后两次来到龙山，并在地表深处挖掘出了一种从没见过的漆黑发亮的陶片。

图1　城子崖遗址

这一发现，顿时引起当时考古界的重视。之后，这里出土了大量的陶器和石制工具，一个以黑陶为主要特征的新石器时代文化遗址，在沉睡了4500年之后又重新展现在世人面前。因其是在章丘市龙山镇发现的，所以人们称之为“龙山文化”。

龙山文化的发现，证明中国东部存在一个土生土长、不同于彩陶文化的黑陶文化。现在就让我们一起去看看这些黑陶的模样，透过这些黑陶来了解一下龙山文化吧。

史实寻踪

中国制陶业的巅峰之作——蛋壳黑陶杯

据报道，1972年美国总统尼克松首次访问中国时，首先提出的就是在访问期间看一看中国龙山文化的代表——蛋壳黑陶杯。他为何对蛋壳黑陶杯有这样大的兴趣呢？

蛋壳陶，顾名思义，因其胎体薄如蛋壳而得名。蛋壳陶是龙山文化所特有的一种陶器。目前，蛋壳陶仅见镂孔高柄杯一种，且只存在于龙山文化遗址中，除外就再也没有见到这类器物。

蛋壳黑陶杯，又称薄胎高柄陶杯，器体由盘口、杯部、器柄和底座四部分构成。陶杯质地细腻，表层无釉而漆黑光亮，器胎最薄处为 0.2～0.5 毫米，因而有“黑如漆，亮如镜，薄如纸，硬如瓷，掂之飘忽若无，敲之铮铮有声”的赞誉。其装饰纹饰也比较简单，有的蛋壳陶杯柄部雕刻有不同形状的镂孔或装饰着极细的纹路，显得整个器体玲珑剔透、体态轻盈美观。

图 2　高柄镂空蛋壳陶杯

右面的高柄镂空蛋壳陶杯，是 1936 年梁启超的儿子梁思永先生，带领考古队在日照两城文化遗址发现的。该杯高 19.2 厘米，口径 9.7 厘米，足径 5.1 厘米，柄径 5.1 厘米，其壁最厚不过 1 毫米，最薄处仅 0.2 毫米，重仅 22 克，其制作工艺之精堪称世界一绝，是龙山文化的典型代表，又称为“标准黑陶”，被世界考古界誉为“四千年前地球文明最精致的制作”。

自蛋壳陶发现以来，文物专家们对它的探索和研究一直没有停止过。蛋壳陶器形几乎一样，因此有些人以为蛋壳陶是模制的，是批量生产的。但通过观察比较后，人们惊奇地发现，没有完全一样的陶杯，因此排除了模制的可能性，应是一件一件通过手工制作的。现代人对蛋壳陶的制作过程产生了浓厚的兴趣，并试图通过复原古代制作蛋壳陶的工序，复制出器壁同样薄的黑陶杯来。直到 1984 年，山东省博物馆的钟华南教授通过多年的模拟实验，才第一次成功复制了蛋壳黑陶杯。

蛋壳黑陶杯背后的文明与奇迹

蛋壳黑陶杯是什么人使用的？用来做什么呢？

蛋壳黑陶杯大部分出自墓葬，在遗址中较少发现。人们推测，蛋壳黑陶杯较为珍贵，不是一般人可以接触到的。墓葬中，也并非都有蛋壳陶出土，只有那些规模大、随葬品多的贵族墓葬才有，而且蛋壳陶往往单独放置在墓坑中的一个地方，不与其他器物掺和在一起。另外，蛋壳黑陶杯的造型一般都是头重脚轻，器壁超薄，容易破碎。因此，专家推断这类器物不可能是当时的日常用品，应是龙山文化时期富贵人家享用的随葬礼器，而且极有可能是一种显示尊贵身份的礼器，那也就意味着当时社会已经产生了阶级分化，即将告别原始的蒙昧。也可以说这样，蛋壳黑陶杯的出现，掀开了文明的曙光。

由于蛋壳黑陶的应用范围大多为礼器，所以产量较少，而且也不是每个龙山文化遗址都有蛋壳陶出土，只有那些大型的中心聚落遗址才会出现蛋壳陶的踪迹，因此现今发现的龙山文化遗址数量虽多，但出土的蛋壳陶仍屈指可数。这说明凡有蛋壳陶出现的墓葬和遗址，其等级就比较高。

史论纵横

那么，蛋壳陶使用的是什么原材料？又是怎样做出来的呢？

据研究，蛋壳陶的原料是来自黄河下游冲积平原的泥土。黄河在其流经的过程中所携带的大颗粒泥沙沉入河底，经过不断冲刷，流至下游，因此它的深层泥土土质特别细腻、无沙、黏性大，而且富含多种矿物元素，在烧制中能产生纯黑均匀质感，适合于黑陶制作。

关于蛋壳陶的制作工艺，简单地说，是首先采用极细腻的陶土轮制拉坯成形，晾至半干，用研磨石打磨出光泽。然后用特质的匣钵固定，放入陶窑中，采用封窑烟熏的渗碳方法。在即将烧成时，用泥封闭窑顶和窑门，并在窑顶上加水渗入火炉中，使木炭熄灭，从而产生乌黑浓烟，通过渗碳原理，将烟中的碳粒渗入胚体而使之呈黑色。当然，实际上远非如此简单，据说真正做成一件蛋壳黑陶杯需要16—20道工序，工序之烦琐、难度之大，令人瞠目。

根据我们对龙山黑陶的了解，如此坚硬质地的黑陶，火候要达到1000℃左右。那么当时烧窑用的什么燃料？用茅草和木材能烧到1000℃吗？用煤吗？但现在还没有发现当时使用煤的痕迹。蛋壳高柄杯的烧制不但要求火候高，还要求火势均匀，这在当时是如何做到的呢？这是一个谜。

半个多世纪以来，专家通过对蛋壳黑陶的研究，发现了很多制陶史上的奇迹。

奇迹之一：经现代仪器检测，蛋壳黑陶中含有相当数量的碳纤维。著名的发明家爱迪生发明灯泡之初，使用的灯丝即为碳纤维制作的，而中国早在4000年前就对碳纤维进行了利用。更令人震惊的是，龙山文化时期的碳纤维的形成方式竟然与现代碳纤维有着相似的地方！

奇迹之二：制作蛋壳陶的工具为陶轮，由于陶杯胎体很薄，因此不但需要陶轮转速快，而且要求平稳，技术和操作手法十分精细。专家感叹说，制作蛋壳陶的快轮工具应“是世界上最早、最精密的手工机械”。

奇迹之三：经现代技术证明，要拉出厚度在0.2—0.5毫米的陶胎，几乎是不可能的，但远在4000年前的龙山文化人却超越了这个极限。据检测，明清时期官窑生产的最精致的薄胎瓷器，其最薄的器壁也有1—2毫米厚；今人复制的薄胎陶器，也望尘莫及。而龙山文化蛋壳陶的出土数量相对较多，形成了一定的规模和传统，并非偶然为之，因此可以毫不夸张地说，“龙山文化蛋壳陶是中国古代制陶史上的巅峰之作，代表了古代陶器的最高水平”。

奇迹之四：有人做过一个实验，用蛋壳陶杯盛水，发现其器壁无渗水、漏水的现象；又经过仪器的多次检测，发现蛋壳陶的吸水率极低，几乎接近，甚至已经达到了瓷器的吸水率！要知道，中国的原始瓷器在商周时期才开始出现，而真正的瓷器则在东汉以后才出现，前后相差2000多年。龙山文化竟能制作出吸水率如此低的薄壁黑陶器，在当时是一件多么不可思议的事情。

在一片赞美声中，也有学者提出了自己对于蛋壳陶不同的见解。比如对于黑陶的共性认知——“薄如纸、硬如瓷、声如磬、亮如漆”，有学者认为不准确。他们认为，“薄如纸”是形容蛋壳陶的陶体如同纸一样薄，是毫无异议的。“声如磬”是说黑陶在烧制后有一定的硬度，经过弹击会发出清脆的声音，但他们认为镂空充分的陶经过弹击，声音会从镂空部分散掉，所以不会发出“如磬”之声。“硬如瓷、亮如漆”言过其实，因为从硬度上讲，由于制作原料和烧制温度的不同，陶器与瓷器的硬度明显不同，因此“硬如瓷”的用语不够准确。

“亮如漆”或“明如镜”的说法也不准确，据考证，蛋壳陶表面似乎涂了一层类似树脂的物质，表面较光亮，但不同于瓷器表面有一层釉，没有“亮如漆”或“明如镜”的条件，特别是经过渗碳工序后，大量碳粒子渗入陶体及表面，所以呈乌黑亚光。从工艺上讲，只有施釉的陶器和烧后抛光的建水紫陶才有“明如镜”的特征，而不施釉的陶器不具备“亮如漆”的特点。

史说新语

下面让我们通过图片，再来感受一下蛋壳黑陶杯之美吧。

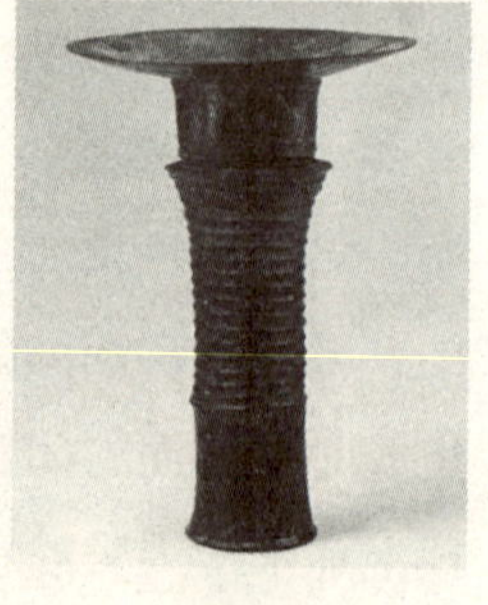

图3

1. 山东省潍坊市姚官庄遗址出土。杯胆套在杯柄内，高17.5厘米、口径11.2

厘米，器壁厚约0.5毫米，以其轻薄的器壁、素洁的色泽、雅致的造型，2011年被评为山东省博物馆十大“镇馆之宝”之一。

2. 山东省日照市五莲县丹土遗址出土。盘形口，宽卷沿，杯体与筒形杯座的连接部分较细，杯高21.2厘米、口径8.3厘米，杯表面有细小的弦纹，柄部有长方形镂孔。

图4

3. 山东省潍坊市姚官庄遗址出土。整体呈豆（古代一种容器）形，杯盘和柄部分开，相互套合而成，高12.4厘米、口径14.2厘米。杯身有宽大的外沿，圆底；杯身上部硕大，外壁装饰刻画纹和透雕的三角形纹，下部为圈足。

图5

4. 山东省济宁市泗水县尹家城遗址出土。盘形口，盘部中心的尖底插入柄中，竹节状柄，小喇叭底，高16.4厘米、口径18.3厘米。

图6

【参考文献】

1. 纪东《蛋壳陶黑陶杯》，《走向世界》2011年第13期。

2. 佟佩华、吴双成、王占琴等《图说山东：龙山文化》，山东美术出版社2013年。

三 魔神争霸

——雾里看花探涿鹿

传说，在距今大约5000年前的时候，有一场至关重要的战役——涿鹿之战，这是古代最有名的一场战争，双方战得昏天黑地、日月无光！蚩尤虽然得到了魑魅和八十一怪的鼎力相助，但还是被有神灵相助的黄帝和炎帝打败了。这场战争，确立了黄帝“人文初祖”的地位。

那么，涿鹿之战真的是一场魔神争霸战吗？

图1 涿鹿之战示意图

史实寻踪

决战涿鹿

关于涿鹿之战，最早的文字记载来自春秋战国时期。在此之前，很少有关于黄帝时代的记载，甚至当时对于黄帝这个人物存在与否，人们也有着很多的怀疑。比如，孔子的弟子宰予就曾经询问孔子：“听说黄帝活了300岁，那么他是人吗？如果是人，怎么能活300年呢？”子贡也曾问孔子：“听说黄帝有四张脸，可信吗？”根据史书来看，黄帝最早开始受到祭祀是在战国时期，所以有不少学者认为黄帝其人在历史上是不存在的，所以涿鹿之战自然也是不存在的。

当然，也有不少学者认为这场战争是真实存在的，并且认为先民的神话故事就是那段历史的剪影，并且说它是中国古代经典的以弱胜强的战役。为了更好地了解这场战役，我们先来了解一下传说中的涿鹿之战及相关的人物吧！

传说，黄帝的母亲叫附宝，姒姓。一天晚上，附宝看见一道光环绕着北斗七星旋转不停，看着看着，那道光就从天而降，落到了附宝身上，附宝由此感应而孕。在怀胎24个月后，她生了一

图2　黄帝出世

个儿子，这就是后来的黄帝。

从黄帝出生的那一刻开始，他就不同于常人，显得异常的机灵。黄帝生下来头就可以前后左右地扭动，能随时随地眼观四面、耳听八方。刚出生不久，他就能说话了，长到15岁，就已经无所不能了。司马迁在《史记》中这样描写黄帝："生而神灵，弱而能言，幼而徇齐，长而敦敏，成而聪明。"从这句话中可以看出，黄帝从出生到长大，都是不平凡的。黄帝一生的重大贡献就在于历经53战，降服了炎帝，打败了蚩尤，结束了部落间的战争，让人们告别了野蛮时代，中华文明从此开始，所以后人尊称他为"人文初祖""文明之祖"。

可是，黄帝在统一大业完成之前，也并不是一帆风顺的。

15岁的时候，黄帝就被人们拥戴为轩辕部落酋长。他凭借自己出色的能力，很快就使部落强大起来。他觉得如果在姬水之畔继续住下去，可能会影响部落的发展，于是便率领本部落的人们，几经艰辛来到了涿鹿（今河北北部）这个地方，并准备带领自己的族人在这里长期居住下去。

烈山氏部落当时也生活在这个地方，其首领是炎帝（姜姓，传说由于懂得用火而得到王位，所以称为炎帝）。由于轩辕部落的到来，影响了炎帝部落的生活，也给他们带来了不安，于是，双方为了争夺这一地方展开了战争。最后，黄帝在阪泉打败了炎帝，炎帝同意把两个部落合并在一起，并由黄帝担任首领，而炎帝自己则担任了副首领。

图3　阪泉之战后炎黄结盟

两个部落合并以后，天下太平，风调雨顺，部族的人们过着安居乐业的生活。可是，正当炎黄部落联盟不断发展的时候，九黎族的首领蚩尤带人来攻打炎黄部落。传说中的蚩尤，是中国神话中的战神。他因受深埋于庭下的盘古斧神气的影响，拥有天生神力，出生时一声哭啼便惊起山潭中休眠的三条孽龙，还能征风召雨，吹烟喷雾。他有 81 个兄弟，都有人面兽身、铜头铁额，四只眼睛，六只胳膊，八只脚，个个刀枪不入、本领非凡。

图 4　画像砖中的蚩尤

古籍中提及蚩尤最多的，是他与以黄帝为首的部落联盟展开的激战。这场大战在《山海经》中有生动的描写：

战斗开始的时候，黄帝首先派应龙应战。应龙先用水攻的办法，不甘落后的蚩尤也联合刑天与夸父，请来了雨神和风伯，降下暴雨，瞬间，天地间一片黑暗。黄帝也不甘示弱，请来天上的旱神女魃帮忙，驱散了风雨，一刹那之间，风止雨停，晴空万里。蚩尤失败了。

图 5　黄帝战蚩尤

蚩尤又用巫术制造了一场大雾，使黄帝的兵士迷失了方向。黄帝则利用天上北斗星永远指向北方的现象，造了一辆“指南车”，车上站立着一位手臂前指的木人，无论车子往哪一方向走，木头人的手永远指向南方。这个发明指引着黄帝的士兵冲出迷雾，取得了胜利。

然后，黄帝以风后为相、力牧为将，又请来了天上的玄女，乘势向蚩尤族发动反击。在涿鹿郊野，两军摆开阵势。黄帝手持轩辕剑，凭借着神器之威，终于勉强压制住蚩尤。黄帝命令给蚩尤带上枷锁，然后处死他。因为害怕蚩尤死后作乱，又将他的头和身子分别葬在相距遥远的地方。蚩尤戴过的枷锁被扔在荒山上，化成了一片枫林，每一片血红的枫叶，都是蚩尤的斑斑血迹。后来，黄帝尊蚩尤为“兵主”，即战争之神，还把他的形象画在军旗上，用来鼓励自己的军队勇敢作战。

图 6　河北涿鹿蚩尤坟

黄帝最终统一了黄河流域。黄帝胜利后，开始尊崇天上神仙，民间的拜神习俗也就从那个时候开始了。

史论纵横

真实的涿鹿

剥开神话的外衣之后，透过斑斑史迹与史籍，我们或许能窥见涿鹿之战的现实面貌……

新石器时代晚期，中国北方文化的互动主要发生在红山文化、仰韶文化与大汶口文化之间，黄帝、炎帝与蚩尤的活动范围，恰恰与此时段的三种文化范围大致吻合，因此涿鹿之战被历史学家认为是三种文化碰撞、融合的集中表现。其主战场在黄帝的控制范围内，表明发动战争的一方是蚩尤，炎黄联盟是应战的一方。

在《史记》的首篇《五帝本纪》中，司马迁提到的第一个人就是黄帝。司马迁以简约概括的手法，勾勒出了黄帝从生到死的波澜壮阔的传奇一生。

“黄帝者，少典之子，姓公孙，名曰轩辕。”像许多传说时代的古人一样，公孙轩辕降生时就有神异之象，而且出生不久就开口说话。这当然不是事实，可是也说明黄帝天生具有很强的能力，再加上后天的勤奋与诚恳，使得他顺理成章地成长为一个见闻广博、明辨事理的非凡人物。公孙轩辕所在的时代，正值变革之际，曾经势力煊赫的神农氏已经日趋衰微，各部落干戈不休，百姓惨遭祸殃。神农氏无力惩强扶弱，恰在此时，处于上升期的公孙轩辕抓住机会，兴兵讨伐那些不来朝贡的部落，用武力迫使其顺从神农氏的权威。但有一个部落，黄帝也拿它没办法，那就是以勇猛善战著称的蚩尤部落。

图 7　蚩尤族图腾

后来，同样强大的炎帝部落企图“侵陵”各部落，这导致较弱者迅速聚集到公孙轩辕的旗下，以寻求强者的庇护，炎帝与公孙轩辕两大部落之间难逃一战。公孙轩辕实施了一系列有效措施，以增强自己的实力，如修行德业、整顿军旅、研究四时节气、种植五谷等，他还驯养了一批猛兽即“熊罴貔貅虎”，全力准备与炎帝的决战。大战终于在阪泉之野爆发，经过数次激烈战斗，公孙轩辕击败炎帝并迫使其归顺。

此时，公孙轩辕俨然已经成为天下各部落的盟主，可以对各部落发号施令——蚩尤部落除外。于是公孙轩辕"征师诸侯"，联合各部落的军队在涿鹿之野与蚩尤展开了一场旷世大战。战争的结局是公孙轩辕领导的部落联盟彻底击溃了蚩尤部落，此后公孙轩辕的威望直线上升，中原各部落顺时应势共同推举他为天下共主，"是为黄帝"，正式取代了神农氏。

图8 黄 帝

《史记》关于涿鹿之战的记载到此而止，此后是黄帝开始平定天下的伟业，最后"黄帝崩，葬桥山"。

涿鹿之战，是司马迁在《史记》中提到的第二场战争。与此前提及的阪泉之战相比，涿鹿之战不仅具有军事意义上的决定性影响，而且具有更深层次的历史意义，即决定了历史演变的趋势。但这样一场大战，其前因后果在《史记·五帝本纪》中只有百字，对于战场情况的描绘更是不过20多字，因此给后人留下了大量的历史谜题。

这些疑问在《史记》中都无法找出明确答案，但在《史记》研究者的笔下以及其他史书古籍中，却提供了不少线索。

首先是主角们的身世之谜。

关于黄帝的身世，南朝裴骃在《史记集解》中提到黄帝的号为"有熊"，并引晋代皇甫谧的话说，有熊为地名，即河南新郑。皇甫谧还说："黄帝生于寿丘，长于姬水，因以为姓。居轩辕之丘，因以为名，又以为号。"至于"少典之子"的说法，唐代的司马贞说少典不是人名，而是"诸侯国号"。综合起来解释就是：黄帝是少典国君之子，本姓公孙，因为在姬水边长大，所以后来改姓姬。

炎帝的身世同样可在《国语·晋语》中见到："昔少典氏娶于有蟜氏，生黄帝、炎帝。黄帝以姬水成，炎帝以姜水成。成而异德，故黄帝为姬，炎帝为姜。"这段记载被后来的学者们广泛征引，它说明炎帝姓姜是因为他长于姜水之畔。

图9 炎 帝

三位主角中的最后一位——蚩尤，历来被视作历史舞台上的反面人物。他的身世同样被后世渲染得错综复杂、难辨真伪。对于蚩尤的主流解释，依据在中国最早的历史文献之一《逸周书》中。《逸周书·尝麦》篇说，天下未定之时，有黄帝和炎帝两位部落首领。黄帝授命炎帝分派地方官员，炎帝就派蚩尤去山东地方任职，但蚩尤到了那里后却起兵驱逐炎帝。炎帝不是蚩尤的对手，就北逃至涿鹿，向黄帝求援。黄帝出兵，最终杀掉了蚩尤。这段记载与《史记·五帝本纪》中的一部分是相合的，但更为详细和曲折。

图10　蚩　尤

而根据《尚书》等史籍，有人认为蚩尤为“九黎之君”，即九黎部落的首领，根据地在今天的山东半岛，因此被划在东夷文化圈内。这个观点广为流行，几乎成为蚩尤身份的定论。商务印书馆出版的《古代汉语词典》在“蚩尤”条目下的解释即是“传说中东方九黎族部落首领，勇猛善战”。

南朝梁代著名文学家任昉编写的《述异记》则这样记载：蚩尤“食铁石……人身牛蹄，四目六手，耳鬓如剑戟，头有角”。对此，我国著名的历史学家范文澜则解释说：“传说中的中国远古居民，居住在南方的人统被称为‘蛮族’。其中九黎族最早进入中部地区。九黎应当是九个部落的联盟，每个部落又包含九个兄弟氏族，共八十一个兄弟氏族。蚩尤是九黎族的首领，兄弟八十一人，即八十一个氏族酋长……是以猛兽为图腾，勇悍善斗的强大部落。”这个解释是从历史的角度说明了蚩尤的身份。

这就是传说时代，一切似乎都有可能。我们能做的，只是在这些流传几千年的传说中仔细搜检，发现其背后隐藏的历史真相。

《史记》说黄帝部落“迁徙往来无常处，以师兵为营卫”，似乎是游牧部落的写照；炎帝的帝号与火有关，有人称其为烈山氏，也许有放火烧山、开荒种植的意思，应该属于农耕部落；蚩尤在东夷，传说他掌握有金属兵器，比较先进，可能也是农耕部落。因此，涿鹿之战反映了华夏族群与东夷族群之间的对抗。

人类战争的起源十分久远。从某种意义上讲，战争其实是人类生存的一种方式，正如耕作和放牧一样，都是为了争取更加优越的生存空间和更丰富的生活资料。比如涿鹿之战中，有对于天气、地形的利用，有对于武器装备的制造，甚至可能有了初步的阵法。传说中蚩尤召唤风神雨神、黄帝召唤旱魃的行为，实际上就反映了先民在战争中对天气的利用，应龙放水冲垮蚩尤军无疑反映了对地理地形的谙熟。

事实上，战争经验的积累并非一定来自战争，农耕岁月和游牧时光都会增进人对天时地利的认识，然后被自然地运用到战场上。根据相关资料，距今5000年左右的黄帝时代正处于温暖湿润的“仰韶暖期”，黄河流域的年平均温度比现在高3～5℃，在当时的京津地区生长着如今见于亚热带地区的动植物。无论黄帝还是蚩尤，其部落必然都有农耕部分，需要放火烧荒、开辟农田，即所谓的“刀耕火种”。这种原始的耕作方式在如今中国云南山区还有少量遗存。蚩尤大概就把这种耕作经验移植到了战场上，面对黄帝部落联军的步步进逼，下令放火防御。火借风势迅速蔓延，遍布涿鹿之野的丰林茂草弥漫在烟火之中；但潮湿的野草、树木和水泽，不能使火成为烈火，而是形成浓烟，烟在潮湿的环境中四处飘荡，又形成了雾；在呛人的烟雾之中，头戴牛角的蚩尤士兵们啸叫着冲杀过来，令黄帝的士兵魂飞魄散……

但黄帝应该不会发明指南车，这种科技含量很高的装备不可能出现在遥远的传说时代。我们也无法知道当时是否有战车，但即便有，也会十分简陋笨拙，机动性很差。至于蚩尤使用金属兵器的说法，似乎也不是毫无依据，可能他们的确掌握了铸铜的技术，尽管这种技术非常初级，所制造的兵器也不可能锐利无比，但在以木石兵器为主的对手看来，这些并不美观的金属兵器已经足够吓人。

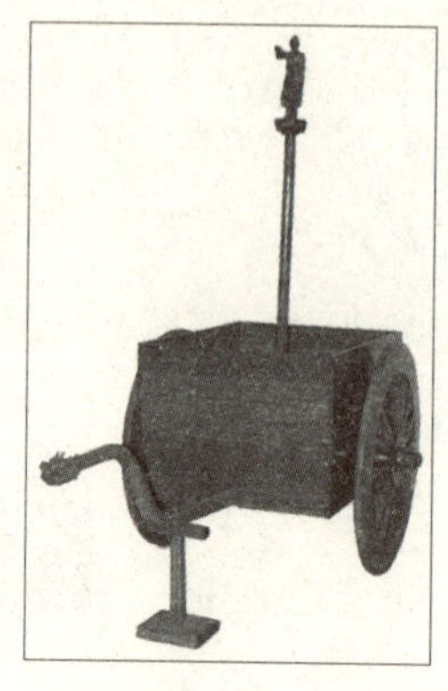

图11　指南车复原图

山火与烟雾如幽灵般覆盖住涿鹿之野，久久不散，在这种恶劣的条件下，不管是黄帝的军队还是蚩尤的军队，实际上都无法有效作战，于是双方开始对峙。有人说涿鹿之战历经“三年九战”，并非没有道理。蚩尤远道来伐，不熟悉山川地理，必然筑城造寨、耕田种粮，做好了打持久战的准备，因此涿鹿之战的总体时间至少五年；而涿鹿之战的战场范围也远比我们想象的广大，可能包括了如今河北的易县、蔚县、阳原、赤城以及北京的平谷、延庆等地，而涿鹿则是战场的核心。

在旷日持久的对峙中，试探性的小规模战斗随时可能发生。蚩尤部落久事农耕，比游牧为主的黄帝部落更能准确地预期风雨阴晴，因此每当暴风雨将至，蚩尤就捕捉住战机，发动突袭。那些多雨之年，黄帝一定不胜其扰，但是他终于等来或者说恰巧碰到了一个大旱之年，蚩尤种植的粮食歉收，补给发生困难，得心应手的计谋也难以实施。公孙轩辕立即大举进攻，在涿鹿山前击败蚩尤部众，并擒杀蚩尤。

所有重大事件都被归于神的万能，这或许出于先民的朴素信仰。正如自然产生的惊雷闪电被归功于雷公电母一样，涿鹿之野上的大风大雨被记入风神雨神的功劳簿，而一场大旱则成了神女旱魃的杰作。

史说新语

图 12　涿鹿县中华三祖堂

五千年前，炎、黄、蚩中华三大“人文始祖”在河北涿鹿所历经的阪泉之战、涿鹿之战、合符釜山一系列重大的历史值得我们永久纪念。但是，更值得纪念和永远传承的，是由此而形成的三祖文化和思想理念。

从三祖创业发展的史实中，我们看到了一种融合统一的文化和“团结稳定就是发展”的理念。轩辕黄帝作为胜者，既不把自己本部族的图腾强加于其他部族的先民，也不维系各氏族原有的图腾，而是以先民的智慧，融合出“龙”这个新的图腾。龙的产生是智慧的结晶、创造的成果。它是三祖文化的象征，是我们的祖根、灵魂和纽带，把海内外龙的子孙的心紧紧连在一起。它体现了中华民族追求天、地、人沟通和统一的理念，即追求人与自然沟通和统一的宝贵精神，反映了各氏族的先民们的大局观念和凝聚意识。时至今日，我们中华民族仍视自己为“龙的传人”，视民族团结和祖国统一为生命。

正是由于有了这种大团结、大融合，才有了“仓颉造字”“迎日推策”“定音律、获宝鼎”“时播百谷草木，淳化鸟兽虫蛾，旁罗日月星辰，水波土石金玉，劳勤心力耳目，节用水火材物”等大发明、大创造。团结就是力量、融合促进发展，中华民族自此步入文明时代。

三祖文化是以炎、黄、蚩三大“人文始祖”为代表的中华先民们留给我们的一笔精神财富，可以说，没有三祖文化，中华文化就是无本之木、无源之水。

【参考文献】

余准《涿鹿之战：史前英雄传》，《中华遗产》2009 年第 4 期。

四 三皇时期的“大选”

——禅让制的是是非非

繁体的“選”字，由“辵（chuò）”、二“巳”和一“共”组成，意思是要在众人中选择可以带领大家共同前行的人。简体的“选”字，更加明确，突出了一个“先”字，“先”就是走在前面的人，思想先进，品德先进，身先士卒。

孔子在《礼记·礼运》中说：“大道之行也，天下为公，选贤与能，讲信修睦。”孔子在这里描写了大同世界的美好情景，这个情景的前提条件是“选贤与能，讲信修睦”。这说明选人、用人关系一个国家的兴衰成败。在古代，尧、舜、禹之间的传位，都是通过选贤任能来实现的。尧在世的时候，物色接班人时，对舜的人品、能力进行了长达三年的考察，确认了他性格坚毅、忍辱负重、不受蛊惑，才传位给他。舜发现禹很有才能，又爱护百姓于是传位于禹。选贤任能，给老百姓带来了福祉。

史实寻踪

走进尧舜禹

尧让位给舜，舜让位于禹，这段历史的主要内容就是禅让。

尧、舜、禹生活在距今约4000年的时候。尧出身高贵，黄帝是他的高祖，帝喾是他的父亲。他从小就有领袖风范，据《史记》记载，尧“其仁如天，其知如神。就之如日，望之如云。富而不骄，贵而不舒”。

尧在位时，做了三件大事：

一是用真情感化人。他粗衣疏食，了解民情，深得民心。

二是选贤任能，把有本事的人聚在周围。

三是用职位管理人。他把助手与各部落首脑任以职位，让他们管理各自的事务。在黄帝与颛顼及帝喾的基础上，建造了国家的雏形。

图1 尧

他活了100多岁，18岁开始为领袖，做了70年。到了老年，尧开始选接班人。他广泛征求意见，大家让他传位给他的儿子丹朱。尧不同意，说丹朱品德不好，不能为首领，不能因他而损害天下人的利益。这是尧的伟大之处。于是大家推荐了贤人舜。

舜有智慧，品德好，能力高。他的母亲死得早，继母和同父异母弟经常陷害他，他都能轻而易举地化解，并用自己的宽容感化了他们。

尧亲自考察舜。当他见到舜时，舜正在劳动。他发现，舜虽然挥着鞭子，却不打在牛的身上，而是打在中间的簸箕上。尧问他为什么不把鞭子抽在牛身上。舜耐心地说，牛任劳任怨，不忍心抽打它，但它也有惰性，不抽打它就偷懒。这样打在簸箕身上，右边的牛会认为是打左边的，左边的会认为是打右边的，所以都不会偷懒了。尧听了以后，暗暗点头，于是继续考验他，先是把两个女儿嫁给他，再让他负责教导臣民，总管百官，处理政务，接待四方来使，又让他独自去森林中冒险。舜从容地解决了各种困难，经过近20年的考察期，尧传位于舜。这就是禅让，即不将统治者的位子传给自己的儿子，而是其他贤人。

图2　舜

舜在位时，主要做了两件事：

一是继续完备尧创建的国家雏形。他在四岳与十二牧的基础上增加了六个助手，让有些人专门管礼乐，有些人专门管刑法，有些人专门管户籍，草创了国家机器。

第二件事是教化民众，让百姓有荣辱观，特别是等级观。司马迁对此评价说：“天下明德，皆自帝虞（舜）始。”

据说舜也活了100岁。100岁时他还在各地考察，最后来到了永州九嶷山，在这儿离开人世。之前，他也选定了接班人，就是禹。

当时，水患严重，百姓苦不堪言，他跟着父亲治了多年的水。他考察地形，制定了治水的方针：变堵为疏，用疏导的方式让洪水流入大海，人民得到安乐，禹也树立了威望。他三过家门而不入，陆行乘水，水行乘船，发明了各种工具，被人们称为“大禹”。

图3　禹

史论纵横

诸子百家论“禅让”

春秋战国时期，思想活跃，百家争鸣。对于尧、舜的禅让，各家提出各自的看法，做出不同的解读，有否认，有质疑，众说纷纭，莫衷一是。

有势利考量说。持这种观点的代表人物是法家的韩非。他认为，在尧舜时代，生产力不发达，生活水平很低，即便是部落联盟领袖，也没有过多的特权。韩非还指出，尧在位之时，住的屋顶茅草不整齐，房子的椽梁不雕饰，吃的是粗粮，咽的是野菜，冬天裹着兽皮，夏天披着葛布。而战国时一个守城门的小吏，收入也不会这样微薄。禹在位之时，也没有因为自己是帝王之尊而高高在上，相反，他经常亲自背着犁耙参加劳动。由于辛劳，他的大腿上没有成块的肌肉，小腿上没有汗毛，因为都被磨光了。所以，在韩非看来，那时候帝王轻易辞职或让位，并非品德高尚，而是因为势薄利微，故云“轻辞天子，非高也，势薄也”。付出的心血和汗水很多，却不能得到相应的回报。

有自我解脱说。持这种观点的代表人物是道家的庄子。他认为尧、舜禅让的动机并不崇高，只是想从这份辛劳的帝王职位上解脱出来，故而让位给别人。在《让王》一文中，庄子记述了一些禅让的故事：尧把天下让给许由，许由不接受；又让给子州支父，子州支父以患病为由推辞。舜让天下给子州支伯，子州支伯也以患病为由推辞；后来又让位于善卷，善卷却以自己过得安逸而拒绝，离家隐于山林；后来又让位于一个农夫，农夫也婉言谢绝，举家逃往海岛。受此影响，后人编撰的《高士传》也记述了一些高士谢绝让位的故事。

有人心向背说。持这种观点的代表人物是儒家代表孟子和荀子。孟子否认尧让位于舜，认为天子不可能把帝位让给他人。舜获得帝位，是靠上天的赐予和民众的拥护。孟子说，尧死之后，舜为了避开尧的儿子丹朱，便迁徙于南河之南，但是天下诸侯都不去朝见丹朱，却去朝见舜；打官司闹纠纷的，不到丹朱那里打官司或是寻找调解，却去找舜；人们编出歌谣来，不歌颂丹朱，却歌颂舜。由于人心所向，舜就接受了大家的好意，登了帝位。荀子也觉得尧让位于舜的说法不可信，认为天子职位最高、权势最大，有谁肯让位呢？在荀子看来，上古帝王是依靠自身德行赢得人心而获得天下的。舜以功德赢得民众和诸侯的拥戴，天下就是舜的了。禹治水功勋卓著，同样赢得了民众和诸侯的拥戴，所以禹也顺利地登上了帝位。

有阴谋篡夺说。持这种观点的代表人物也是法家的韩非。在《说疑》篇里，韩非明确指出：“舜逼尧，禹逼舜，汤放桀，武王伐纣。”为了印证这种说法，后人引用《竹书纪年》的记述：“昔尧德衰，为舜所囚也”“舜囚尧，复偃塞丹朱，使（其子）不与父相见”；甚至从《史记》中寻找答案：舜登上帝位后，为了巩固自己的地位，大刀阔斧地进行了一系列的人事改革，给那些尧在位时被长期排除在权力中心之外的“八恺”“八元”相应的职位，而除掉尧重用和信任的混沌、穷奇、梼杌、饕餮，史称“去四凶”。

以上种种说法，都有一定的合理性，都能自圆其说，但未必符合历史事实。实际上，每一种说法，只是一种穿越和猜想，都是后人穿越到尧舜时代，依照各自的思想观念对尧舜做出不同的猜想和解读。

究竟禅让制的真相如何？还待后人继续研究。

史说新语

禅让的十四条规则

《尧典》的后半部分，记录了禅让的过程。

禅让制的第一条规则：继任者要通过全体部落联盟领导层成员，至少是其中部分成员集体讨论而决定，而不是由在位者一个人决定。

尧时，大臣放齐首先推荐尧的儿子，并提出理由。随后，驩兜推荐共工，同样提出推荐理由。由此可见，禅让制的第二条规则是：有一些人有权利推荐继位候选人。第三条规则：提出人选时，须同时提出这些人适合担任继位者的理由。

放齐推荐尧的儿子，说明了禅让制的第四条规则：在位者的儿子可以充当继位候选人，且似乎享有某种优先权。帝尧根据自己对儿子的了解，并不同意他成为候选人，又指出了共工的明显缺点，予以否决。由此可以得出禅让制的第五条规则：在位者对于他认为不合适的提名人选，有权予以否定，当然，也要提出明确而令人信服的理由。

放齐等人提名的理由和帝尧否定的理由也揭示了继位者所应具有的德行，这就是禅让制的第六条规则：规定继位者需具备某种治理的德行。

帝尧扩大了征询意见的范围，征询四岳意见，他们也许是四方诸侯的代表。这是禅让制的第七条规则：诸侯代表可参与天下共主的遴选过程。帝尧首先征询四岳能否继位，但他们都自认为品德、能力不足，因而不敢应承。这一事实揭示了禅让制的第八条规则：诸侯是可以担任天下共主的。

帝尧让他们扩大推荐的范围，首先在“贵戚”之中选择，然后在相对“疏远”的人中间选择，最后在平民中选择。这构成了禅让制的第九条规则：平民也有资格成为即位候选人。

按照这样的遴选次序，四岳最后荐举了舜，并提出理由：父亲愚昧，继母顽固，弟弟傲慢，但舜能与他们和睦相处，坚守孝道，既有品德又有能力。

尧立刻接受了这个提名。在提名的过程中，我们发现，所有的继位人选都是由臣子和诸侯提出的，尧从未提名过人选。这一点构成了禅让制的第十条规则，也许是最为重要的规则：在位者无权提名继任者，只能由他人提名。

禅让制的第十一条规则是：继位人选需接受考察。尧考察舜的方式很特别：把两个女儿嫁给舜。这一情节深刻地体现了中国人对于治理的理解：治理无处不在，由小到大、自近及远。由个人之修身，到齐家，再到治国、平天下。

禅让制的第十二条规则：继位者应被安排进行处理政务的实习。

于是，舜从以下三个方面进行了治国实践：第一，从事立法活动，教导百姓。第二，轮流承担各种行政管理工

图4　原始部落会议想象图

作。第三，接待四方诸侯。在这三个领域，舜表现出了杰出的能力。不过，仅有这些考察还不够，天意、神意也是至关重要的因素。最后舜证明自己为天命所归。这是禅让制的第十三条规则：候选人必须被上天接纳。

禅让制的第十四条规则：继位人选虽可早早确定，但开始只能摄位，当尧去世后才能正式继位。

归根到底，禅让制是通过推举并经众人同意而最终完成的政治权力转移程序，它当然不是现代民主选举制，但带有强烈的民主成分。

【参考文献】

1. 陈良《被误读的禅让》，爱思想网 2012 年 12 月 5 日。

2. 秋风《天下为公：帝尧禅让的十四条规则》，新浪网 2013 年 10 月 31 日。

3. 方志远《国史通鉴》之《禅让是非》，中央电视台科教频道《百家讲坛》栏目。

五　碾过历史的车轮

——从春秋战国“开”出的车

人们常说，历史的车轮滚滚向前。然而与整个人类的历史比起来，轮和车的历史只能算是短短的一瞬。在古代，车总是和马联系在一起。那么，在中国的历史上，马车如何起源？形制如何？马车在战争中有何作用？优劣如何？又是怎样被战场淘汰的？古书中常见的“千乘之国”“万乘之国”又是以什么划分的？马车还有其他什么用途？带着这些问题，让我们跟随历史的车轮，穿越到春秋战国时期，去探寻那个战火硝烟的年代里开出的马车吧！

史实寻踪

马车的起源、形制与类别

考古资料表明，中国最晚在公元前3000年到公元前2000年的龙山文化时期，已经实现了马的家畜化，在公元前1900年到公元前1600年时，已经开始使用马车。关于马车的出现，有奚仲、黄帝、伏羲作车等几种说法，其中以“奚仲作车说”最为广泛。

图1　奚仲造车

奚仲发明的马车距今已有4000多年的历史，当世界上许多古老民族还正在以牛、马为交通工具时，奚仲创造的木车已驰驱在广袤的华夏大地上了。因此，车的发明，可以当之无愧地列入我国“世界之最”。原始的马车我们已无法目睹，但成书于春秋战国时期的《管子·形势解》中有一段这样的评价：“奚仲之为车器也，方圆曲直，皆中规矩准绳。故机旋相得，用之牢利，成器坚固。”意思是说，奚仲所设计创造的车结构更为合理，各个部件的制作均有一定的标准，因而坚固耐用，驾驶起来也十分灵便。

马车大规模用于作战，始于商末。据《史记》记载，公元前1027年，周武王率领“戎车三百乘，虎贲三千人，甲士四万五千人，以东伐纣”。最后，双方战于牧野，商纣王战败，逃回朝歌，登鹿台自焚而死，商朝灭亡，周朝

图2 牧野之战

建立。这大概是我国史书中有关车战的最早记载，这也开启了中国古代战争史上的“车战时代”。

车战时代的战车，在形制构造上大同小异。战车的形制一般是单辕、两轮、长毂（车轮中部与辐连接的部位）、后面辟门的横长方形车厢。车辕前端有衡，上缚軛，用以驾马。马车由两马或四马驾挽，以四马为主。中间的两匹辕马称“服”马，左右两侧的叫“骖”马。一车所驾的4匹马，称“驷”。按当时规定，每车编左、中、右3名甲士，车下有步卒72人，后勤人员25人，共计100人。这样一个作战团体，就称作“一乘”。史书中所称的“千乘之国”，就是指拥有一千辆战车的国家。“万乘之国”，自然指拥有万辆战车的国家。春秋时代，战争频仍，所以国家的强弱都用车辆的数目做标准去评判。

战车有多种类型，其中国君所乘的战车叫戎车，其形制与一般战车基本相同。在古代，两军交战时，国君必须亲

图3 戎 车

自乘战车指挥作战。国君居中拊鼓击金，指挥军队进退。春秋中期以后，戎车演化为将帅的指挥车。除戎车之外，战车还分为轻车、阙车、苹车和广车。轻车机动性好，便于往来驰骋，是攻击型战车。阙车负责警戒和补充缺损的战车。苹车是一种防御性战车，可互相联结成屏障，以抵挡或阻滞敌军的进攻。广车兼有攻防作用，主要用以防御。

战车的作战方式

至春秋时期，各国之间的战争已经以车战为主。作战双方排列成整齐的车阵，然后交战。不过，这种车战在作战过程中很难改变队形，往往一个冲突就能决定胜负。因此，春秋时代的战役，多数在一两日内即见胜负。后来，车战规模不断扩大，车战的战术也不断革新。

车战的基本战术原则是：舆侧接敌，左右旋转。每辆战车上有3人，左边甲士主要持弓，负责射箭，称车左，

图4　战车分工示意图

是车首；右方的甲士执戈或矛，击刺敌人，称车右；中间的甲士称御，佩剑一把，主要负责驾驭战车。甲士的作战原则，说得直白一点便是：远距离的由车左射杀，近一点的由车右刺杀。

车战主要集中于平原地区，交战双方接近时先用弓弩对射，试图造成对方的阵型混乱。如果双方的战车正面相冲，两车间的距离在4米以上，那么3米左右长的戈、戟等兵器是无法杀伤对方的，只有在两车交错的时候才能使用长兵器格斗。

一辆战车长、宽各近3米，加上两侧部署的步兵，需要占用相当大的面积，因此机动性很低，难以回转和迂回，再加上武器使用的限制，双方都需要在交错格斗的瞬间争取夹击的机会。因此，要想发挥出部队的最大战斗力，就必须组成严密的阵型，要求部队有良好的纪律和统一的指挥。

战车的这种特点，决定了西周、春

图5　车战的严密阵型

秋时期的军队作战十分讲究阵势和队形。西周时，战车一般采用大型的横阵，即在广阔的平原上布阵，将战车一字排开，把步兵部署在战车的前方，这样的队形可以做到左右呼应，避免受敌军夹击。在两车交错时，如果能维持严密的队形，则有利于形成夹击对手的机会。这一时期的车战，队形整齐与否一定程度上决定了战斗的胜负，因此在交战时需要不停地整顿队形。这种作战方式节奏十分缓慢，交战过程中战车不能快速奔驰，步兵也不能快速奔跑，追击时要保持队形，也不利于长途追击。典型的战例就是牧野之战中，周军每前进六七步就要停下来重整队形，而商军因为士气不振和奴隶叛乱导致队形大乱，最终惨败。

马车的其他用途

在周代及春秋战国时期，除了作为战车使用外，马车还有以下用途：

身份象征

由于车的贵重性，车在当时成了统治阶层显赫权势的象征，因此，车乘的拥有与否、车饰华贵还是简朴以及车乘的多少，就成为大小贵族衡量自身地位高低的标准，同时也是衡量其力量强弱的重要标尺。对于车的种类和装饰也有严格的规定，不同级别官员要乘坐不同的车，不准随意改变。比如，当时一种名为“大路”的马车，只有天子才能乘坐。《礼记》中说“乘大路，诸侯之僭礼也”，就是指责诸侯用车违礼。这也是孔子感慨“礼崩乐坏”的表现之一。因此，除战车外，马车的第一个重要用途就是身份的象征、礼制和尊卑等级的体现。

交通工具

马车的交通功能是显而易见的，然而，尽管当时的马车配有精美的车饰、马饰，乘坐起来却不一定舒服。周代贵族男子乘车时一般要立乘，只有王后才能坐安车，即能够坐着的车，君主也只能立乘。因此，时人行车时很容易坠车受伤，如齐襄公曾“坠车伤足，失屦”，掉下车伤了脚，连鞋子也丢了。

刑罚工具

马车用作刑罚工具，是指“车裂”之刑，即把人的头部和四肢分别绑在五辆马车上，向不同的方向拉，把人的身体硬硬撕裂。

古人认为“身体发肤，受之父母”，不容受到残害或割裂，许多人一旦获罪，常苦苦哀求“赏个全尸”，而杀人者一个“赏他个全尸”的许诺，已是极大的恩惠。但是车裂之刑却让人身首异处，连四肢都各在一方，这不仅是刑罚上的残酷，也是礼法的残酷。

需要指出的是，尽管这是一种酷刑，但也并非人人都配得上使用这种刑罚。只有活着的时候能配坐马车的人，死的时候才有资格受车裂之刑。这也是礼制所在。比如战国中期的政治家商鞅，曾助秦孝公两次变法，奠定了秦国兵强国富的基础，却激起旧贵族势力的愤恨，在孝公死后，被秦惠王以车裂之刑杀害。

史论纵横

消失的车兵

我国战车的使用起源于商代，春秋时期是车战的顶峰时期，到了战国时期，步兵和骑兵兴起，逐渐取代了车兵，尤其是骑兵的兴起，由于其机动性和灵活性均高于车兵，就直接导致了车兵的衰落。同时，由于春秋战国时期铁兵器得到广泛使用，弓弩也得到很好的改进，使得步兵可以有效地遏止密集整齐的车阵进攻，因此步兵取得迅速发展。例如战国时期的赵国，精锐步兵已达到“带甲数十万”之多。

骑兵的出现与赵武灵王推行的“胡服骑射”息息相关。赵武灵王借鉴西北游牧民族的长处，推行衣短袖窄的胡服，训练士兵在马上射箭，创造出了机动、迅速、灵活的骑兵。在当时，战车车体笨重，驾驭困难，机动性差，尤其是大量的战车要投入战斗时，非常依赖战场地形及道路条件。此外，随着战争性质和结构的转变以及城邑地位的提高，对要塞的争夺日趋频繁，从而大大降低了战车在作战中的地位。而骑兵的出现，使赵国一举扭转连战连败的弱国形象，成为仅次于秦国的二号强国。

图6　胡服骑射

不过，步兵和骑兵并未立即完全取代车兵。赵武灵王改革之后，赵国大将牛翦“将车骑”，也就是同时指挥车兵和骑兵，协助赵武灵王伐取中山。这说明车兵在战国时期仍被当作一个兵种来对待，统治者依然促使它尽可能地发挥作用。同时也证明，即使赵国在全面展开胡服骑射的军事改革后，车战也并未遭到完全废止。

西汉时，为了对付匈奴骑兵，汉军大量使用骑兵，此后，车兵就彻底失去了作为军队主力兵种的地位，最终，退出了战争的历史舞台。

史说新语

中国古代战车图集

车战，是中国古代六战之一，具有相当重要的位置，宋、明两代的《武经总要》中对我国战车有相当丰富的描述。

1. 巢车

古代的装甲侦察车，设有望楼用于窥伺城中动静，带有可以升降的牛皮车厢，估计是唐代出现的。

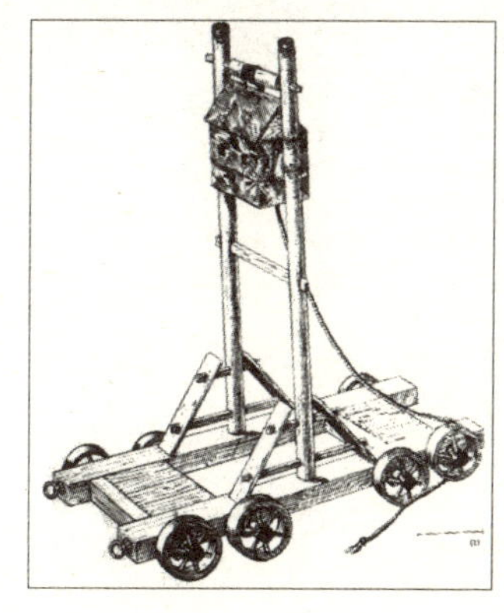

图7　巢　车

2. 冲车

诸葛亮攻击陈仓的武器，也是历代进行攻城的时候使用的重要战车，在陈仓被郝昭用链球式磨盘所破。

图 8 冲 车

3. 炮车

明代的佛朗机炮车是最早的后膛武器之一，其炮弹使用弹仓，可以迅速更换，射速比清代大炮快多了。

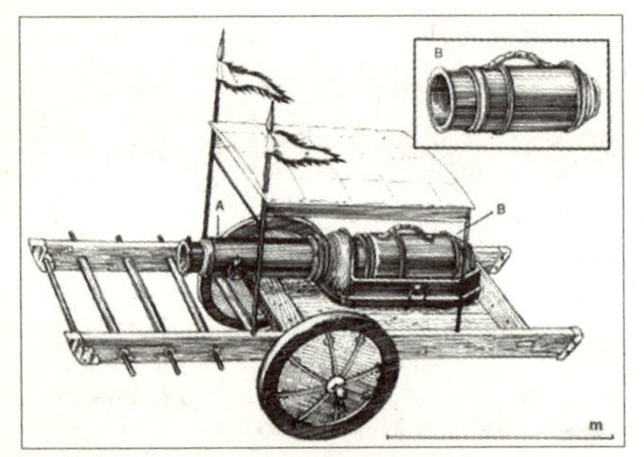

图 9 炮 车

4. 虎车

守城使用的战车，蒙有皮甲，适合巷战，可以作为活动工事。

图 10 虎 车

5. 火箭车

明军野战使用的防卫车辆，一般放在军队前方使用。

图 11 火箭车

6. 流马

源自诸葛亮的运输车，根据推测绘制。

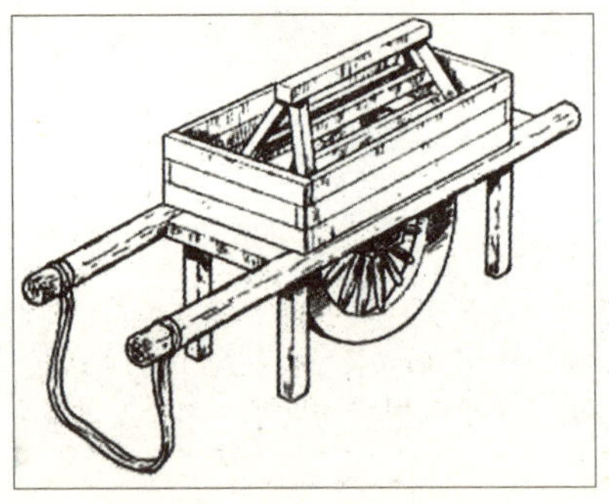

图 12 流 马

7. 洞屋车

用于攻城的战车，侯景曾经用它和它的改进型尖头木驴攻克健康，上面抗矢石，下面可以挖掘破城。

图 13　洞屋车

8. 偏箱车

戚继光对抗北方游牧民族军队的战车，一侧的装甲可以作为初步的掩体。

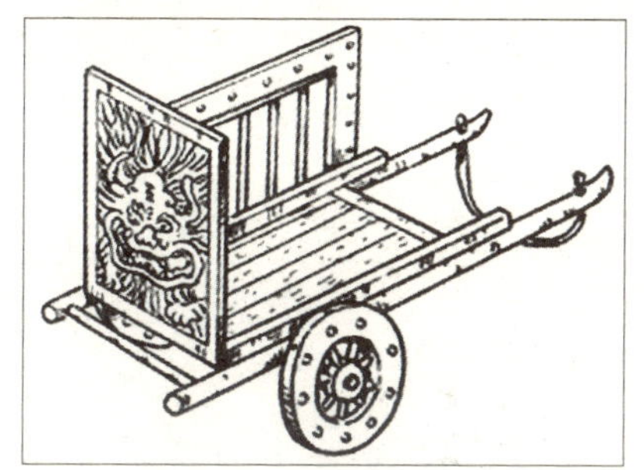

图 14　偏箱车

9. 正箱车

三面带有装甲，可以用于推出去进攻了。

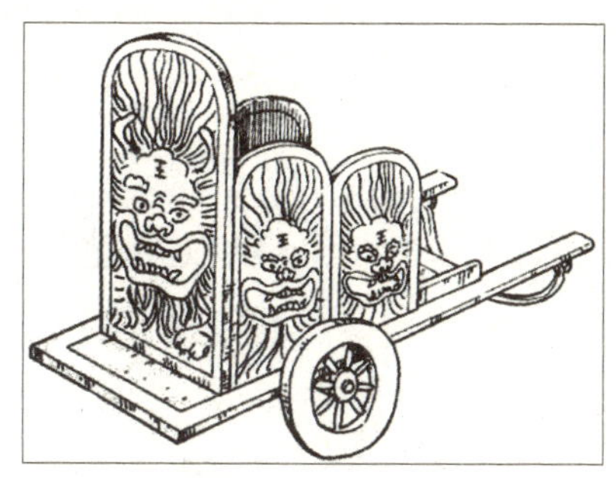

图 15　正箱车

10. 塞门车

守城的武器，一旦城门被撞开，这就是活动的城门。

图 16　塞门车

11. 云梯车

云梯可不是一般电影上那样一个简单的梯子，它带有防盾，绞车，抓钩等多种专用攀城工具。

图 17　云梯车

【参考文献】

《现代陆战之王鼻祖：中国古代战车》，全球功夫网 2015 年 9 月 27 日。

六 亚醜钺中的历史密码

——解读中国青铜文化

2011年3月17日上午，山东省文物局在山东博物馆礼仪大厅隆重举行了山东博物馆“十大镇馆之宝”评选结果揭晓仪式。

“十大镇馆之宝”评选活动先由文物专家学者从山东博物馆13万余件藏品中初选出30件代表性文物精品，作为候选文物公布于众。观众通过现场投票、报刊投票、网络投票等多种形式积极参与评选，依据得票情况，又进行了观众代表复选和专家评审两个程序，最终推举出了炫目的“十大镇馆之宝”。

其中，有一件青铜器以多票入选：它有着弯钩状的眉毛，兽状牛鼻子、一双环眼，两只圆耳朵和嘴角上撇的嘴巴，暴露着像野兽似的尖牙利齿，这就是“十大镇馆之宝”之一的亚醜（chǒu）钺（yuè）。

图1 亚醜钺

它不仅透着古典而狞厉的美感，更是充满了诡异色彩。它的铭文，它的器型，无不向我们讲述着那个时代的秘密，它究竟想告诉我们什么呢？让我们透过青锈斑斑的沧桑，解读亚醜钺中的历史密码。

史实寻踪

认识“亚醜钺”

在距离山东潍坊青州市东北20里的苏埠屯村东的埠岭上，有一处墓地遗址——苏埠屯商代墓地，它是山东省最为重要的商代遗址之一，自20世纪30年代被发现以来，先后经历了三次发掘，发现大中型墓各两座，车马坑一座，出土了不少青铜器。尤其是编号为M1的大墓，是迄今为止除安阳殷墟以外规模最大、规格最高的商代墓葬，亚醜钺即发现于此。亚醜钺在目前全国发现的商代40余件铜钺中，制作最为精美，最为壮观，它独特的造型、精美的铸工，尤其是上面铸刻的“亚醜”铭文，引起了人们的广泛关注。

密码一："亚醜"铭文

青铜器铭文，又称金文、钟鼎文，始见于商代早期，商代中晚期逐步增多，但文字均较短，最短者仅一二字，最长者也不超过五十字；内容大多较为简单，主要是所有者的族名、祭祀对象、制作者的名字、用途等。其中，族名常常同"亚"字形相结合，在"亚"字形内部或其外部，亚醜钺的铭文"亚醜"中的"醜"就是在"亚"内部。

图 2　"亚醜"铭文

"亚醜"中的"醜"由四个图形组成。先看右边的图形，像不像一个侧立的人呢？上面的像头部，上肢向前伸，作搂抱状；下肢末端倒上卷，像条长尾。这个图形看着虽然奇诡，但因为右图有搂抱左上部分图形的含义，因此专家认定其所画的还是人的形象。这一图形之所以诡异，是因为所画之人经过特殊装束，或者进行过"化妆"。再看左上部分的图形，像一个大口尊，底尖圆，上端向外倾斜，并被右侧的人所搂抱着。专家根据甲骨文与金文的造字规律，将定为"酉"字，原是一种酿酒或盛酒用具的形象。"酉"形顶端的图形，是一个勺柄，表示有"液体"从"酉"内向外倾泻。左下部分的图形，画于"酉"形之下，是一种盛"酉"内液体的器具。

由此可见，"亚醜"铭文，描绘的主要是用酒祭祀的形象。那么，以"亚醜"为名的部族究竟是什么样的部族？史书没有明确记载。亚醜部族之谜，能够通过铭文释读吗？

密码二："钺"

钺，这种器型大约出现于新石器时代晚期，材料为石质或玉质，其形制似斧，以砍劈为主。

图 3　红山文化的石钺

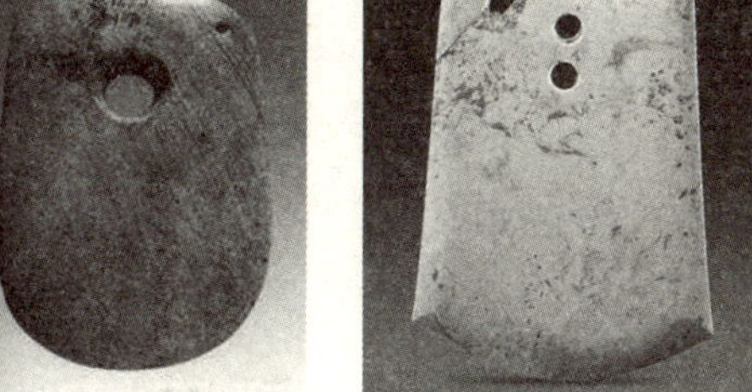

图 4　良渚文化的玉钺

至商代，出现了种类繁多的青铜钺，仍保留了石钺的特点：刃部弧曲宽阔，两角略微上翘。有考古学家将属于商代的近四十件铜钺按铸造大小顺序分为三型八式，制作精美程度亦有不同，而最为壮观的当属出土于山东青州苏埠屯的大型铜钺——亚醜钺。亚醜钺为青铜铸造，长 32.7 厘米，刃宽 34.5 厘米，肩宽 23.3 厘米。这么壮美的钺，有什么用途呢？

亚醜钺外形特别，方内，双穿，两肩有棱，弧形刃，器身作透雕人面纹，人面五官微突出，双目圆睁，嘴角上扬，口中露出城墙垛口似的牙齿，威猛庄严，极其生动传神。这一奇特外形又蕴含着什么呢？

史论纵横

解密“亚醜”

“亚醜”铭文是 1931 年郭沫若先生释读出来的。商代青铜器铭文中的图形文字，一般都是古代国族的名号，“亚醜”就是一个代表。安阳出土甲骨刻辞中有“醜”和“小臣醜”等字样，郭沫若先生根据同一刻辞上的地名，推断“亚醜”族应该位于在商王国的东南。而苏埠屯遗址的墓葬规格及亚醜铜钺等青铜器显示，“亚醜”部族是一个经济繁荣、文化先进、势力强大的地域方国。可是，对于强大的“亚醜”国，历代史书都没有明确记载。这个谜一样的“亚醜”国，究竟是何人建立的？它建于何时，又亡于何代？它曾与谁结盟，又曾与谁为敌？学者们通过对“亚醜”铭文的不同释读，做出了不同的认证。

“亚醜”——薄姑氏文化遗存

殷之彝先生与郭沫若先生的观点一致，将此铭文释读为“亚醜”。他在《山东益都苏埠屯墓地和“亚醜”铜器》一文中，详尽分析了苏埠屯墓地出土文物的器型纹饰及组合关系，发现它们与殷墟小屯出土的青铜器有许多相同之处。与一般的商朝墓葬相比，苏埠屯一号墓地殉葬的人数较多，这说明墓室的主人级别较高，加之有四个墓道，更是说明这个墓的主人不是一般的地方长官。由此推论，苏埠屯一号墓的主人应为殷商晚期殷王朝在东方的同盟国之一的国君。

这个殷商晚期殷王朝在东方的同盟国是什么呢？《汉书·地理志》中提到，曾经有四个部族在苏埠屯一带建国，分别是距今四五千年的爽鸠氏、虞舜和夏朝时期的季萴（zè）氏、商汤时期的公柏陵和商朝末期的薄姑氏。由此可见，殷商晚期殷王朝在东方的同盟国指的应是薄姑氏。至于薄姑氏部族，文献资料中并没有详细的记载，只提及周成王东征时将其灭掉了。所以，苏埠屯一号墓的主人应该就是薄姑氏国君的陵寝，亚醜部族就是薄姑氏，在商末建国，后被周成王所灭。

“灌”“甚”——斟灌国文化遗存

杜在忠先生认为“亚醜”二字应为“灌”字，因此苏埠屯遗址应是斟灌国文化遗存。

王树明先生认为，苏埠屯商代墓地是夏族姒姓斟灌、斟鄩方国的国君墓地，“亚醜”族徽乃斟灌国的徽号。“醜”应为“甚”，即斟灌国之“斟”。

“亚齐”——齐国文化遗存

李零先生将铭文释读为“亚齐”，认为图形左上部分并非单纯的“酉”字，而是含有酒尊和酒禁（酿酒、饮酒之禁）两部分；右边也并非“鬼”字，而是一个侧立的人形，与“妻”（𡜁）字的写法相似。古代“妻”“齐”两字同音互训（以意义相同之字，相互训释，即用甲解释乙，又用乙解释甲，如老和考）。因此，李零先生推测商代可能本来就有以“齐”为国氏的一族，周人封齐只是用了旧名，苏埠屯一带为商周齐国的文化遗存。

日本的黄川田修先生通过对苏埠屯墓地出土遗物的考证，认为苏埠屯墓地很可能是西周早期前后的齐侯墓地。

通过对铭文的剖析释读，结合其他的出土文物及古籍记载，学者们得出了不同的结论，都有其合理性，谁对谁错无法判断，我们期待着以后考古及历史研究的发展能揭开“亚醜”部族的神秘面纱。

解密“钺”

从造型上，亚醜钺就是一把大斧头。《说文解字》说：“钺，大斧也，一名天戉（yuè）。”可见，钺是由斧发展而来的，但钺的功能比较特殊，在兵器里是一个特殊的器类：它不仅是兵器，更是一种刑具，而且还是权力的象征。

兵器

钺似大斧，具有杀伤性，在古代短兵相接的战争中，可以作为武器用来杀敌。另外，因为这些大钺表面大多都有或“狰狞”或“威严”的面目纹饰，显示出“利兵”的肃杀之气，能令敌人望而生畏。但从实际的考古发现来看，相对于其他兵器如戈、矛等，钺的出土量可谓稀少，而且大多只出土于贵族墓。由此可见，就算钺是兵器，也不可能是大规模使用的常规兵器，必定还肩负着其他功能。

刑具

钺在古代也是一种行刑的法器，用来施以砍头、腰斩等刑罚。《国语·鲁语》曰：“大刑用甲兵，其次用斧钺。”即大的刑罚是出兵征讨，稍轻一点儿的用斧钺施刑。《逸周书·克殷解》说到周武王攻克商都朝歌，纣王虽已自焚，但是武王仍旧赶到纣王自焚的地方，先用“黄钺”（饰以黄金之钺）斩下纣王之头，并用白色大旗悬起；又对纣的两个已自杀的爱妾，用“玄钺”（铁钺）斩其首，以白色小旗悬起。由此我们可以推测，钺在充当刑具的时候，也是分等级的，如在杀像纣和纣的妻妾这类人物时才会用到钺，而且因为纣和纣的妻妾身份地位有别，用的钺也有所不同。

权力的象征

在甲骨文中，“王”字写作，是斧钺之形；金文中，“王”字写作，下面一横为月牙形，像钺的刃口。“王”字这么写，是因为钺是执掌在王手中的利器，所以钺可以代表王权。《礼记·王制》记载：“诸侯赐弓矢然后征，赐鈇（fū）钺然后杀。”唐朝经学家孔颖达将其注释为：上公九卿得到帝王赐给的斧钺，便有权力，可以征伐邻国弑君、杀父的人臣和人子。另外，所赐之钺的大小常常也代表了权力的大小，《史记》中有“周公把大钺，召公把小钺，以夹武王”的句子，即周公手持大钺，召公手持小钺，一同在周武王的左右辅佐周武王。这说明钺是代表王权和体现国家法律尊严的器物。

青铜器有很多器类，在每个器类里都有标志性的器物，或者是最能显示它等级的标志。比如，食器里等级最高的象征物是鼎，酒器里等级最高的象征物是爵，同样钺就是兵器里等级最高的象征物。

亚醜钺，在花纹上采用人面纹、圆睁的双目、龇牙咧嘴的神态，具有典型的兽面纹风格，体现了一种鬼神信仰及图腾崇拜，传达出一种威严可怖的信息，与钺象征王权的功能是相符的，符合商代青铜器装饰风格。作为从史前向文明社会过渡的重要阶段，商代青铜器上还遗留着大量与原始宗教礼仪甚至各类崇拜相关的风俗。受这种风俗的影响，商代青铜器装饰纹样传承史前思想观念，更多的是表现对自然和猛兽的敬畏。亚醜钺的奇特外形蕴含的也是王权的威严，显示了亚醜部族君主的身份和等级。

史说新语

中国十大青铜器

中国的先民在青铜器时代创造了独步世界的青铜文化，留下了一大批优秀的青铜文物。那么，被称为十大著名青铜器国宝的是哪些呢？

1. 商代司母戊鼎（又称后母戊鼎）

1939 年出土于河南安阳殷墟的一

图5 司母戊鼎

座商代古墓中，是商王祖庚或祖甲为祭祀母亲戊而制作的祭器，商周时期青铜器的代表作。国家一级文物，1959年开始作为镇馆之宝收藏于中国国家博物馆。

2. 商代四羊方尊

图6 四羊方尊

1938年出土于湖南宁乡县黄材镇月山铺转耳仑的山腰上，是商朝晚期青铜礼器，祭祀用品，被史学界称为“臻于极致的青铜典范”。位列十大传世国宝之一，收藏于中国国家博物馆。

3. 商代青铜大立人像、青铜纵目人神像

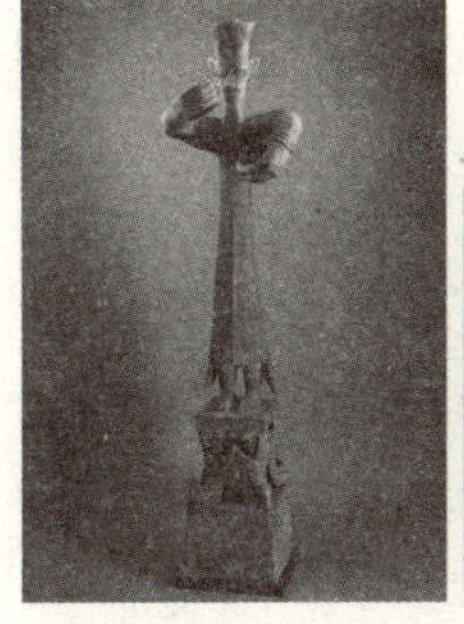

图7 青铜大立人像 图8 青铜纵目人神像

三星堆遗址距今5000—3000年，被称为“世界第九大奇迹”，这两件器物是三星堆青铜器中非常著名且有代表性的器物。

4. 西周毛公鼎

图9 毛公鼎

西周晚期毛公所铸青铜器，清道光二十三年（1843）出土于陕西岐山（今宝鸡市岐山县），鼎内铭文长达499字，是铭文最多的青铜器，也是研究西周晚年政治史的重要史料。收藏于台北“故宫博物院”，为台北“故宫博物院”

镇馆三宝之一。

5. 东周莲鹤方壶

图 10 莲鹤方壶

春秋中期青铜制盛酒或盛水器，1923 年出土于河南新郑李家楼郑公大墓。制作技艺非常高超，采用了分铸法、圆雕、浅浮雕、细刻、焊接等复杂的技法，非常精湛，很多技法已经失传，即使用现代最先进的科技也无法复制和模仿。一收藏于北京故宫博物院青铜馆，一收藏于河南博物院，是中国首批禁止出国（境）展览文物。

6. 春秋越王勾践剑

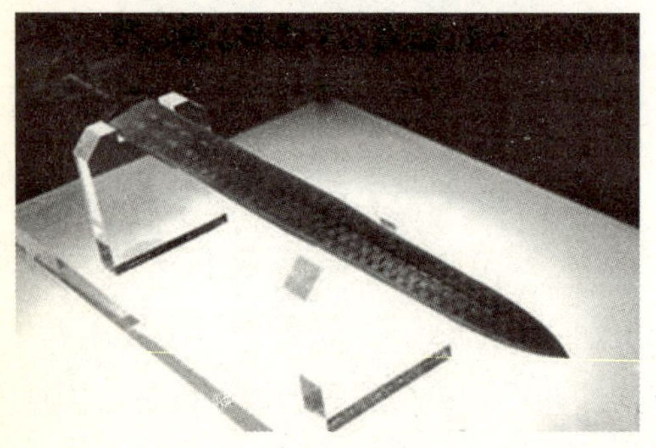

图 11 越王勾践剑

春秋晚期越国青铜器，出土于湖北江陵望山 1 号墓。剑身有“越王勾践自作用剑”8 个鸟篆铭文，被称为“天下第一剑”。让人惊奇的是，这把青铜宝剑穿越了两千多年的历史长河，但剑身丝毫不见锈斑。现收藏于湖北省博物馆。

7. 战国曾侯乙编钟

图 12 曾侯乙编钟

战国早期文物，1978 年在湖北随县（今随州市）出土，是中国首批禁止出国（境）展览文物。它是中国目前出土的 40 多套编钟中数量最多、保存最好的一组，也是中国乃至全世界历史上最为宏伟精美的大型乐器。它高超的铸造技术和良好的音乐性能，改写了世界音乐史，被中外专家、学者称为“稀世珍宝”。

8. 秦代秦陵铜车马

1980 年出土于中国陕西临潼秦陵坟丘西侧，是目前发现年代最早、形体最大、保存最完整的铜铸车马，对研究中国古代车马制度、雕刻艺术和冶炼技

图 13 秦陵铜车马

术等，都具有极其重要的历史价值。

9. 西汉长信宫灯

图 14 长信宫灯

被誉为“中华第一灯”，1968年出土于河北省满城县中山靖王刘胜妻窦绾墓中。设计十分巧妙，宫女一手执灯，另一手袖似在挡风，实为虹管，用以吸收油烟，既防止了空气污染，又有审美价值。现收藏于河北省博物馆。

10. 东汉马踏飞燕

图 15 马踏飞燕

又名马超龙雀、铜奔马、凌云奔马等，为东汉青铜器，1969年出土于甘肃省武威市雷台汉墓。从力学上分析，马踏飞燕为飞燕找到了重心落点，造成稳定性，自出土以来一直被视为中国古代高超铸造业的象征。现收藏于甘肃省博物馆。

【参考文献】

1. 殷之彝《山东益都苏埠屯墓地和“亚醜”铜器》，《考古学报》1977年第2期。

2. 王树明《“亚醜”推论》，《华夏考古》1989年第1期。

3. 李零《苏埠屯的“亚齐”铜器》，《文物天地》1992年第6期。

4. 王琳、陈隆文《试谈钺的用途——驳“生产工具”论》，《唐都学刊》2002年第1期。

5. 郑苏淮《有虔秉钺，如火烈烈——饕餮纹样的文化学阐释》，《南昌高专学报》2003年第1期。

6. ［日］黄川田修著、蓝秋霞译《齐国始封地考——山东苏埠屯遗址的性质》，《文物春秋》2005年第4期。

7. 管兰生《中国“斧”文化的五种意义》，《甘肃社会科学》2006年第3期。

8. 《亚醜钺的前生后世》，《大众日报》2014年4月16日。

七　血浓于水

——西周的宗法制与分封制

图1　桐叶封弟

《史记》里有一个小故事——桐叶封弟。说的是，周成王年幼的时候，与弟弟叔虞一起玩耍，他把一片桐叶剪成圭的样子（“圭”是一种玉器，代表贵族的身份），赐给叔虞，并且说：“我将拿着玉圭册封你。”史官因此请成王择日册封。成王说：“我和他说着玩呢。”史官说：“天子无戏言。只要说了，史官就应如实记载下来，按礼节完成它，并奏乐章歌咏它。”于是周成王把唐封给了叔虞。这正是：“谁家儿童不游戏？此童戏言割土地。”这个故事体现了西周时期最重要的两项制度——宗法制与分封制。

史实寻踪

宗法制的起源

在你的名字中是不是包含着辈分呢？或者，你是否经常会听到有人说“我是家里某某字辈的”？尤其是在同姓之间，或许你也会听有人问：“你是哪一支的？”或问：“咱们五百年前是一家吗？”这种按辈取名的传统和以姓氏论亲疏的风俗，是为了增强子孙的宗族意识，它背后反映的就是宗法制度。

宗法制度起源于三代时期（夏、商、周被史学家称作“三代”），诞生在统治阶级的家庭中，核心是嫡长子继承制。夏朝的帝位由儿子接任，偶尔也有传给兄弟的。商朝的帝位大多传给弟弟，最后由最年幼的弟弟再传给长兄的长子，或传给自己的儿子。据《史记·殷本纪》记载，“自中丁以来，废嫡而更立诸弟子，弟子或争相代立”，从而造成“九世之乱”“诸侯莫朝”的局面。殷商后期，父子相承制代替了兄终弟及制。例如，帝乙的长子微子启生在“微”，封为子爵，名启；但因启的母亲不是正妻，因此启虽为长子却不能承袭帝位。帝乙的小儿子辛（也就是后来的商纣王），因母亲是正宫，嫡出，所以继承了殷商的帝位。这说明在殷商末期，嫡长子继承制已经确立。

在黄河流域周原（今陕西岐山）生活的周部落，在古公亶父时，嫡长子继承制还没完全确立。古公少子季历继承了王位，而长子泰伯、次子仲雍出奔长江三角洲，后来建立了吴国。季历传位于长子姬昌，姬昌又传位于长子姬发。姬发灭商后，大力推行嫡长子继承制。自此，宗法制度被作为立国的原则，世世代代延续了下来。

宗法制的特点

按照周代的宗法制度，宗族分为大宗和小宗。周王自称天子，是天下的大宗。天子除嫡长子以外的儿子被封为诸侯。诸侯对天子而言是小宗，但在他的封国内却是大宗。诸侯的其他儿子被封为卿大夫，卿大夫对诸侯而言是小宗，但在他的采邑内却是大宗。从卿大夫到士，也是如此，兼具大宗和小宗的双重身份。因此，贵族的嫡长子总是不同等级的大宗（宗子）。大宗不仅享有对宗族成员的统治权，而且享有政治上的特权。

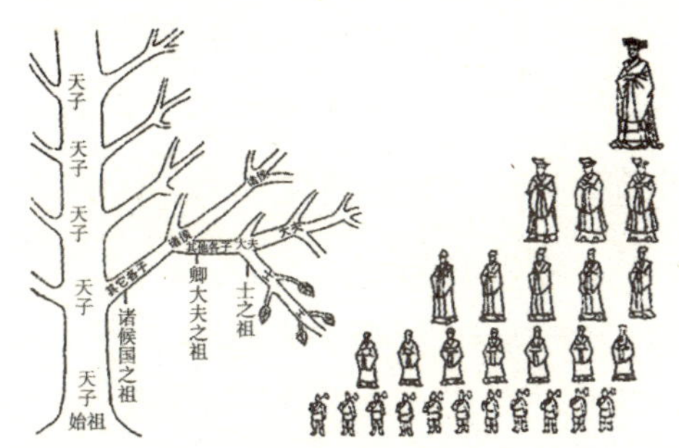

图2 西周宗法制示意图

由此可以看出宗法制中嫡庶之辨的意义所在。实行嫡长子继承制，其目的在于稳固贵族阶级的内部秩序。这一制度依靠自然形成的血缘亲疏关系来划定贵族的等级地位，从而防止贵族间对于权位和财产的争夺。周初，宗法制首先在周天子和诸侯间实施，以后逐渐及于中小贵族，以至士与庶民之中，具有了普遍性质。

古人（尤其是帝王富贵之家）妻妾众多，子孙也众多，可能会出现叔叔的年龄小于侄子的情况，于是按辈分取名来区别长幼成为常用的办法。而由于分支太多，可能同族之间过上四五代便互不相识了，但是因为同姓与辈分的缘故，他们仍然能够很快明确彼此的亲属关系。在关键时刻，这种亲属关系能成为可以信赖和依靠的力量。比如，三国时候的刘备是汉景帝之子中山靖王刘胜的后代，是汉献帝的叔叔辈，故被称为“刘皇叔”。正是以刘姓子孙的身份，刘备以“匡扶汉室”为号，得到了百姓的拥护。

分封制的创设

周朝规定“传嫡不传庶，传长不传贤”，也就是说，只有嫡长子是继承王位或爵位的唯一合法者，其他的儿子

图3 分封诸侯

虽然不能继承王位，但可以得到次于王位的其他爵位。这便产生了“分封制”。

分封的具体办法是：一、周王朝的国王以都城镐京为中心，沿着渭水下游和黄河中游，划出一大片土地，建立由周王直接统治的中央特别行政区，这叫“王畿”。二、将王畿以外的全国所有土地，划分为大小不等的无数块，分封给诸侯。但这些封国面积很小，二三十个封国加起来的面积也没有王畿大，实质上都是一个个城堡式的军事据点，天子以此为中心对四周地方加以控制，这就保证了中央对封国的绝对控制权，诸侯国如群星捧月，环绕拱卫王畿。

诸侯国的分封有两种情况：一是同姓封国。凡是姬姓的周王室亲族，每人都可分到一块土地，在那里建立封国，即同姓诸侯国。周初，先后分封了 71 个诸侯国，其中周武王的兄弟立国者 15 人，姬姓立国者 40 人，如周武王封其弟振铎于曹（今山东定陶），周成王封其弟叔虞于唐（山西翼城）。二是异姓诸侯。这又分为两种情况：分封少数有功之臣，如将姜子牙封于齐；分封一些既不能征服又要防止作乱的部落，如将商纣王之子武庚封于宋国，以示政治安抚，后因武庚与管叔、蔡叔作乱，平定后，又改封纣王庶兄微子启于宋国。

史论纵横

宗法制与分封制

正如《诗经·大雅·板》所说，“大邦维屏，大宗维翰。怀德维宁，宗子维城（意思是：诸侯是国家的屏障，大宗是国家的主干，怀德是国家平安的保证，同姓是国家的城垒）”，确立宗法统治与分封诸侯，成为构筑西周王朝统治大厦的两根重要支柱。宗法制保证了贵族在政治上的垄断和特权地位，有利于统治集团内部的稳定和团结。分封制加强了周天子对地方的统治，扩大了统治区域，使周成为一个疆域空前广大的国家；同时对于发展各地区的政治、经济和文化，特别是边远地区的开发，也起了积极的作用。

但随着宗法制与分封制的持续推行，一方面宗族内部的宗法血缘关系不断削弱，大宗对小宗的约束力越来越弱；另一方面封国势力不断发展，出现了一批强大的诸侯国，他们怠于承担对周天子的义务，王权不断遭到削弱。于是，春秋时期，诸侯纷争，出现了所谓“春秋五霸”；战国时期，战争频繁，后经兼并形成“战国七雄”。而王室偏居一隅，周天子几乎完全丧失了天下大宗和政治共主的地位。

因此，周代以后，严格的宗法制度不复存在，但其“家国同构”的模式和精神却始终贯彻于数千年来的中国传统社会，使得我国历史上的君主专制制度在组织结构和功能方面与家庭、家族具有某种共同性，未能脱离血亲与宗法关系，无论是家还是国，在组织系统和权力配置方面都实行严格的家长制，并贯彻与之相适应的一系列原则和精神。因此，在一定意义上可以说，中国社会的奴隶制是宗法奴隶制，封建制是宗法封建制，中国历史上的奴隶制国家和封建制国家，始终是家长制延伸、扩大的变体。

史说新语

宗法制的影响

首先是积极方面。一是形成了中华民族重视人伦、重视亲情、重视家庭生活的传统，这有利于维护社会的和谐稳定，这是许多外国民族所没有的；二是形成了中华民族重视祖先、重视传统、重视统一的民族精神，构建了中华民族的向心力和凝聚力。从古至今，中华儿女不管身在何处，对家乡和祖国的依恋都深刻而久远。今天，每次举行黄帝、炎帝、大禹等祭祖活动，海内外华人来者如潮；外海华侨“寻根”“认祖归宗”的报道屡见不鲜。这些都说明宗法制度在凝聚中华民族向心力上的作用，而中华五千年文明是世界上四大古代文明中唯一没有中断的文明，与这一制度密不可分。

其次是消极方面。一，从政治上讲，宗法制中的家长制作风，导致了专制社会和专制思想的形成，人们的民主观念和民主精神普遍缺乏。二，从经济上讲，导致了自给自足的小农经济的长期存在，扼杀了资本主义经济在中国的发展，阻碍了中国的现代化建设。宗法家族社会强调血统，尊崇共同祖先，排斥异姓异族，使得我国形成了聚族而居、聚姓而居的习惯，直到今天的广大农村，这种情形仍未根本改变。三，从文化角度讲，导致了中华民族重传统轻变革、重伦理轻科学，缺乏开拓创新、求真务实精神，思想上表现为守旧、保守。

【参考文献】

绳会敏《浅析西周的宗法制与分封制》，中国论文网。

八 低调的千年古堰

——都江堰的神奇

2008年5月12日14时28分，“天府之国”四川突然间地动山摇，一场特大地震发生了，震中在汶川。在距离震中不到20千米的都江堰市，人们在迅速组织救援工作的同时，都不约而同地想到了位于城边的我国著名古代水利工程——都江堰水利工程。

很快，人们发现都江堰对面地势稍高的二王庙已经全部坍塌了。二王庙是祭祀都江堰的建造者李冰及其儿子的地方，大家的心都绷紧了。然而，当人们看到震后的都江堰时，全部惊呆了：都江堰水利工程几乎完好无损，只裂开了一点缝隙，但丝毫不影响其功能，清澈的岷江水依旧从上游一路走来，经过都江堰的宝瓶口，源源不断流向成都平原。不久后，法国一家媒体刊出报道，《世界上最古老的水利工程都江堰，经受住了时间和地震的双重考验》，都江堰震惊了世界！

图1 都江堰全景

都江堰地处川西龙门山断裂带，这里一直是中国历史上地震最为严重的地区之一，但四川的有关水利专家和地震专家发现，都江堰水利工程建成到现在的2250多年间，共经历了16次7级以上的大地震，依旧完好，一直工作到今天，不能不说是中国乃至世界水利史上的一个奇迹。

那么，作为世界上工作时间最长的水利工程，都江堰因何被建造，还有着怎样令人惊叹的奇迹呢？

史实寻踪

走近都江堰

抗日战争期间，日军企图轰炸都江堰，破坏中国的后方支援。日本飞机飞到都江堰上空，盘旋了很多圈，竟然怎么也找不到都江堰大坝。无奈之下，日本飞机只好又盘旋了几圈，在宽阔的岷江上随意扔下几颗炸弹，除了溅起几束白色的浪花，对都江堰没有造成丝毫的损伤。原来，都江堰虽为水利工程，却根本没有大坝，只有堰。

那么，都江堰为什么没有大坝呢？

都江堰的堰，其实只是一道拦水矮坡。不过，你可别小看了这道矮坡，它虽然没有大坝截洪断流的气魄，却不会造成上下游用水的冲突，同样起着便于灌溉和航运的作用。无坝引水正是都江堰令世人惊奇的一笔。

古代的四川盆地，可不是今天的天府之国，而是水灾泛滥、民不聊生的山丘和荒原。岷江口是长江中上游的分界点。早在远古时期，岷江从四川北部的高山地区咆哮而出，对成都平原构成了灭顶的威胁。特别是位于都江堰市的玉垒山阻碍了江水东流，使岷江东岸的大片农田得不到灌溉。每逢雨季，山洪暴发，淹没大片的村庄和农田，洪水一退，沙石千里无法耕种。到了旱季，两岸人民又深受干旱之苦。震惊世界的三星堆考古发现告诉我们，早在3600多年以前，被称为古蜀国的四川盆地，曾经发展到一个鼎盛时期，蚕丛、柏灌、鱼凫、杜宇、鳖灵等五代古蜀王创造了辉煌灿烂的古蜀文明，但却被一场又一场无法遏制的滔天洪水无情地毁灭了。岷江便是制造这场灾难的罪魁祸首。兴修水利、彻底治理岷江，是古蜀国人民望眼欲穿的一件事。这一历史的重任，在战国时期的秦国，终于解决了。这就是李冰父子修建的都江堰。

李冰，战国时期著名的水利工程专家，据《华阳国志》记载，他“能知天文地理”。传说有一年，李冰居住的村子下了十几天的雨，乡亲们都很着急。有一天，李冰看了看天，便告诉大家可以准备出门了，果然天很快就晴了。

不到20岁的时候，李冰开始云游天下，他走遍了秦国的山山水水，重点到泾水和渭水观察学习，还到洛阳实地察看大禹的黄河治水工程。据说，李冰到达楚国的郢都时，当地正在举行一场游泳比赛，李冰水性很好，战胜了所有对手。比赛过程中，一个人不动声色地看完了比赛，他就是秦国的太史田贵。赛后，田贵对李冰说：“现在秦国正是用人之际，我希望你能够为国家出力。”于是，李冰跟随田贵回到了秦国。

战国时期，秦国十分重视水利，原因有二：第一，秦国要兼并天下，就要把农业搞上去，而水利是农业的命脉；第二，从古到今，战争中的运输十分重要，靠陆地运输有时不方便，水运则可以省去很多麻烦。《史记》和《汉书》谈及都江堰的功能时，首先说的就是航运。

大约在公元前256年，李冰被秦昭

王任命为蜀郡太守，相当于今天的四川省省长。当时岷江经常泛滥成灾，成都平原一片汪洋，天气阴冷潮湿。

李冰到任不久，就开始着手进行大规模的治水工作。他和儿子李二郎以及助手们一起，做起了治水模拟实验。他们首先想到了堵的方法，即在洪水到来前先筑一堵墙，可结果是墙高一尺水高一丈。然后改用疏导的办法，在江边挖沟把洪水引走，大禹和古蜀王杜宇都曾用这个方法治理岷江，可是挖好的沟渠很容易被沉积的沙石填平。而且，用于航运、灌溉的水不是越多越好，如不加以控制，平原地区会很容易发生涝灾。看来要想彻底驯服岷江，变害为利，就要解决同时分水、排沙、泄洪、控制水量四大难题。为了解决难题，李冰决定亲自沿岷江两岸进行实地考察，他带着简单的工具，领着助手沿着岷江逆流而上，去勘察水情，调查地形。

据《华阳国志·蜀志》记载，李冰曾在都江堰安设石人水尺，这是中国早期的水位观测设施。

图2　石人水尺

经过三年的考察，李冰细致地分析了地势、水情，决定乘势利导、因时制宜，制定出一整套凝聚古人类文明与智慧的科学而系统的治水方案。这是一套神奇绝妙的治水方案，因为在两千多年以前，古人不可能掌握现代的水利工程技术，更不可能具备现代水利材料，然而，李冰不但成功地治理了岷江水患，而且还为人类呈现出了一个规模巨大的生态都江堰水利工程奇观。

李冰为蜀地的发展做出了不可磨灭的贡献，人们永远怀念他。修完都江堰后，他在四川什邡洛水镇修建水利工程时病逝于此，葬于洛水镇旁边的章山之上，被后人尊为“川主”。后世为纪念李冰父子，还在都江堰修有二王庙。1974 年，李冰的石像被发现，其上题记“故蜀郡李府郡讳冰”，这说明早在 1800 年前李冰的业绩已为人民所传颂。

图3　李冰父子雕像

史论纵横

都江堰的神奇之处

远看都江堰的水利工程，可以看见

岷江从山里滚滚而来，在拐弯处被一个像大鱼的长堤一分为二，长堤的头部叫鱼嘴，堤尾矮下去的那段叫飞沙堰，在离堆和玉垒山之间的水道叫宝瓶口。鱼嘴、飞沙堰和宝瓶口是都江堰的三大主体工程。这看似平淡无奇的工程到底有什么神奇之处呢？

都江堰之所以神奇，首先是在堰址的选择上，它决定了整个工程的布局。李冰决定在中游山丘与平原的交界处建造都江堰，这里是扇形平原的顶部，地势由西北向东南倾斜，这种地理条件对兴修水利很有利——可以不打坝，只修堤，引水灌溉。并且，这里有一个大约45度的弯道，能发挥巨大的排沙作用。为此，都江堰出现了第一个主体工程——鱼嘴。我们先来看看鱼嘴工程的神奇之处吧。

图4　都江堰鱼嘴

都江堰第一奇观——自动分水

都江堰鱼嘴正对着滚滚而来的江水，把岷江分成内江和外江。内江灌溉

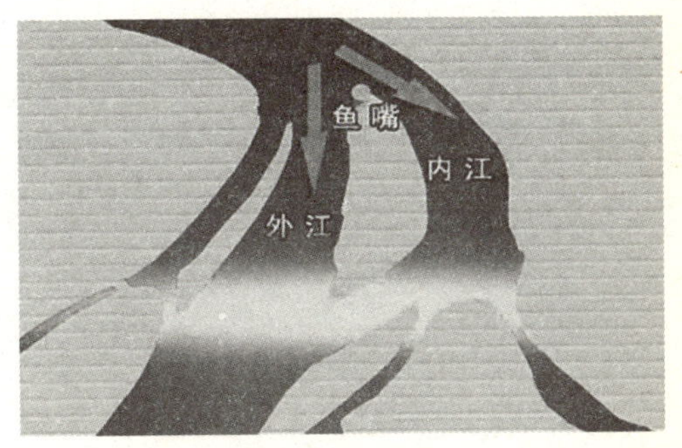

图5　鱼嘴分水

成都平原，外江流入长江。内江地势低，江面窄；外江地势高，江面宽。每逢旱季，水的流速慢，流量少，水往低处流，60％的水进入内江，40％的水进入外江。到了雨季，水的流速快，流量大，宽阔的外江就容纳了60％的水，而40％的水进入内江。这样，既为灌区提供了灌溉用水，又不会引发洪涝。而且60％的水流入主干道，进入下游地区，就能保障这些地区航运、渔业的用水。这种方法比大坝截流的方法更科学、更合理，因为是整个流域共享了水资源。这种四六分水的治水方法中含有顺应自然、不独占资源的黄金法则。

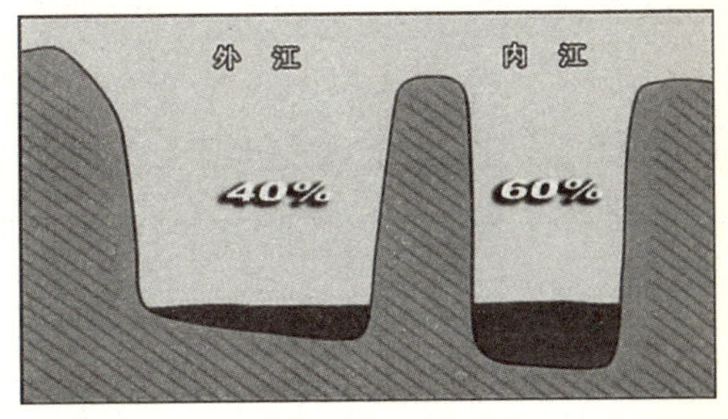

图6　旱季分水

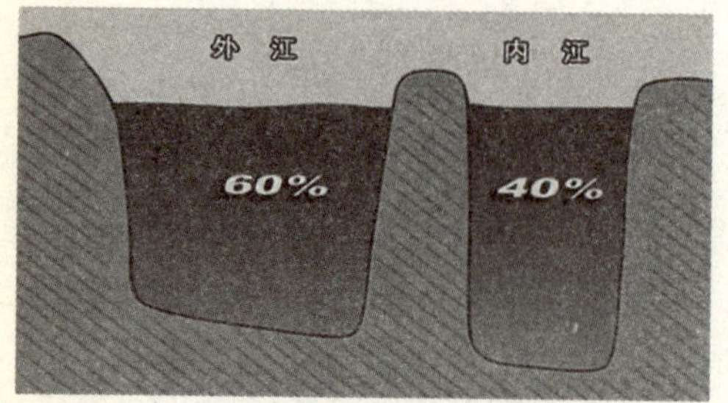

图7 雨季分水

那么，鱼嘴是怎样修造的呢？修造鱼嘴时，李冰想出了用卵石竹笼护堤的好办法。他们就地取材，用川西盛产的竹子，编成长长的竹笼横在堤边，里面装满卵石，一笼接一笼，一层接一层。竹笼工程能分水，能挡水，但也漏水，既能拦截水流，起到与混凝土结构、钢结构大体相同的作用，但又不与水为敌，承受的水压力很小，可以说是刚柔兼备。

都江堰第二奇观——自动排沙

鱼嘴还具有第二个功能，即自动排沙。有人曾经说，都江堰最大的贡献不是灌溉，而是解决了千百年来全世界所有的水利工程都为之困扰的泥沙排放问题。2000多年前建造的都江堰，用最简单的方法让沙石排放得到了最为精妙的处理。岷江流入平原地区后，夹带来大量的沙石，都江堰渠首的沙石堆积量每年平均达到3000万吨。李冰在解决这一问题上非常科学，他没有在平地上来建都江堰，而是利用了出山口有环形

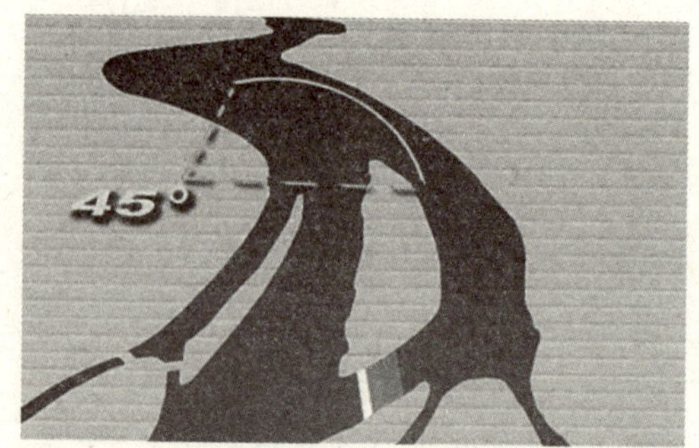

图8 弯 道

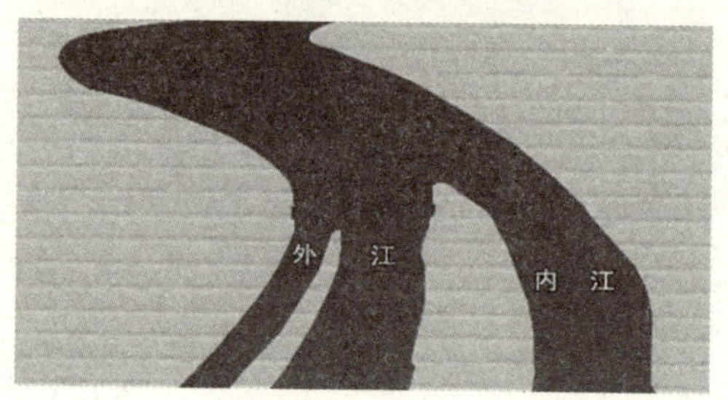

图9 排 沙

弯道的地方。根据水流流体力学，弯道表层水往凹岸流，底层水往凸岸流，表层水比较清澈，而底层水带有泥沙，所以李冰把都江堰的内江修在一个弯道上，内江处于凹岸，外江处于凸岸，通过弯道的水流产生离心力，水流在这里打漩，从而表层水流向凹岸，底层水流向凸岸。因此，随洪水而下的沙石大部分随底层水流向了外江，80%的泥沙就由外江水带走了。

都江堰第三奇观——自动泄洪

鱼嘴的尽头是一个斜坡，然后是一道矮堰，这就是飞沙堰，它是都江堰的第二个主体工程。飞沙堰的堰顶距河床仅2.15米，这可能是全世界最矮的巨

堤了。说它是巨堤，是因为它具有泄洪、排沙的巨大作用。从鱼嘴分进的内江水被宝瓶口旁的离堆一顶，自然形成旋流，每当夏秋之季水流量大于宝瓶口的可流量时，从宝瓶口不能通过的水便从飞沙堰泄出。并且，内江流量越大，飞沙堰的泄洪能力越强。如遇特大洪水时，它会自行溃堤，让大量江水回归岷江主流；而在干旱季节，当水位低于飞沙堰时，它会自动失去泄洪功能，从而保证了成都平原的灌溉。飞沙堰就像一道天然节制闸，不用值守，无须操纵，完全靠自然之力。

飞沙堰之所以有这个好听的名字，是因为它还具有排沙功能。离堆顶起的旋流使大量的泥沙泛起，这些泥沙会随

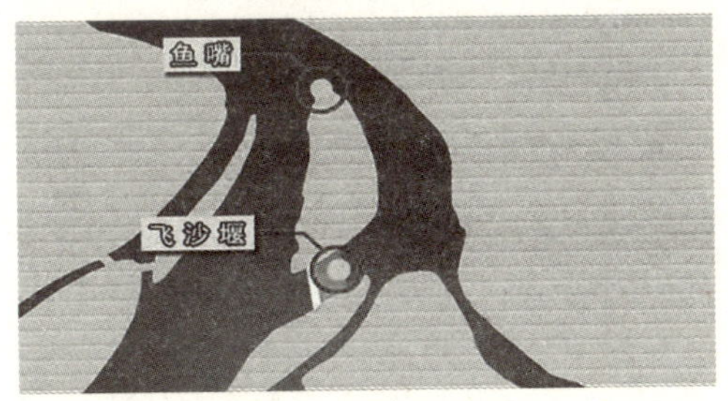

图10　飞沙堰

图11　泄　洪

图12　都江堰巨石

着泄出的洪水从飞沙堰飞出，甚至数百千克的巨石，也可以从这里被抛入外江。下图中的这块巨石就来自岷江，由此你可以想象这些沙石的厉害。飞沙堰能排走约15%的含沙量，再加上鱼嘴已排走的80%，所以从岷江流向平原的水流含沙量就只占5%左右了。

都江堰第四奇观——自动控制水量

宝瓶口是都江堰的第三个主体工程。这里是内江水进入成都平原的咽喉，犹如瓶口一样，严格控制着江水进入成都平原的流量。当宝瓶口的进水量饱和后，无论岷江发生多大的洪水，宝

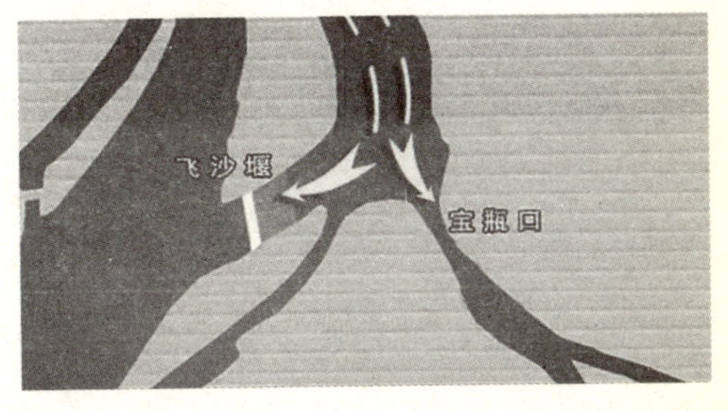

图13　宝瓶口

瓶口也能拒之口外，而使多余的水会从飞沙堰泄出。这种稳定的进水量给成都平原的农业、灌溉、运输等都带来了特大效益。

李冰当年在开凿宝瓶口的时候遇到了很大的麻烦。因为当时没有火药，铁器也较落后，而玉垒山又是坚硬的沉积岩，要用人工开凿缺口，确实是一件不容易的事。于是，他们想到了火攻的方法，先用火烧岩石，让它变得很热，然后浇水，这样就容易凿了。也就是说，他们发现并运用了热胀冷缩的原理，凿去一层，再烧一层，如此反复进行，终于用 8 年时间凿开了宽 20 米、高 40 米、长 80 米的缺口，建成了宝瓶口。

都江堰作为生态水利工程，其设计和建造最大限度地尊重和保护了自然，即使是两千多年后的今天，它仍是水利学家所追求的生态水利工程建设的最高境界。生态都江堰不仅给四川人民带来了巨大的经济效益，也为周围的环保做出了贡献。青城山位于都江堰渠首工程南侧，是中国道教的重要发源地，至今郁郁葱葱、香火旺盛。龙溪自然保护区位于都江堰渠首工程北侧，至今生物种类丰富独特，是中国国宝大熊猫的重要栖息地之一。生态造就了都江堰，生态又保护着都江堰。

史说新语

都江堰千年放水节

古时，每到冬季，人们便用杩槎（用来挡水的三脚木架）筑成临时围堰，使岷江水或入内江，或入外江，然后分别淘修河床，加固河堤，这就是岁修。到了清明时节，岁修结束，便举行既隆重又热烈的仪式，然后拆除杩槎，使滚滚岷江水直入内江，灌溉成都平原千里沃野。由此，放水节也是一年春耕开始的代表。

据史料记载，放水节在历史上谓之“祀水”，正式确立于公元 978 年，距今已有 1000 多年的历史。

历史上的清明放水节，都在岷江鱼嘴那里进行。这一传承了上千年的清明放水节曾中断过 33 年，直到 1991 年才恢复。

2006 年，放水节被列为国家首批非物质文化遗产项目。目前，都江堰正在积极申请将放水节纳入“联合国人类非物质文化遗产名录”。

【参考文献】

《“砍杩槎，放水!”》，《华西都市报》2015 年 4 月 6 日。

九　万世师表

——这些年我们尊崇的孔子

在中国的武侠小说或电视剧里，武林人士常常会使用暗器，其中最常用的是“镖”。用镖的有“好人”也有“坏人”，他们的区别是，“好人”用镖的时候往往会大喊一声：“看镖!”“坏人”则一般是偷偷发镖，随后被指责为“暗箭伤人”。不要小看这一声喊，这表示预先打了招呼，是仁，是义，是礼，而仁、义、礼正是孔子所创立的儒家学说的根本。“明修身之道，述治国方略，求天下为公，共天人和谐”，儒家学说中所包含的优秀价值理念，是中华民族生生不息、发展壮大的重要滋养，不仅对民族性格的形成产生了深刻影响，而且对人类文明进步做出了重大贡献。

史实寻踪

仁、义、礼、智、信

仁者爱人

孔子的弟子子羔（即高柴）在卫国从政时，曾判一名犯人刖（yuè）刑。后来卫国动乱，子羔出逃，发现城门已闭，而守门人正是那个受刖刑的人。那人指点子羔藏在一所房子里避开了追捕。子羔说：“我曾用刑砍断了你的脚，现在是你报仇的好机会，你为什么还帮我逃难?”那人说：“砍断我的脚，本来就是因为我犯了罪。当初您审判我时，一开始先根据法律寻找减轻刑罚的方法，想让我免受刑罚，我很明白；确定刑罚时，您面色庄重、伤感，这我也看得很明白。您天生具有仁人之心，才会对一个犯人这样。这正是我要帮您逃难的原因。”这个故事里的子羔和犯人，都用自己的行动诠释了什么是“仁”。

图1　《孔子圣迹图》（子羔仁恕）

“仁”是个会意字，从人，从二，意思是两个人在一起的相处之道，即要相亲相爱。春秋时，“仁”在《尚书》《诗经》等经典中便出现了，与“美”“才”“爱”等并列，被看作人的重要德行之一，但这时“仁”并未受到特别的重视。后来，孔子把“仁”从其他德行中超拔出来，将其作为包含和统帅各种美德的最高道德规范和原则，并将它作为其思想体系的核心。孔子及其弟子的言行录《论语》一书集中体现了孔子“仁”的思想，其中“仁者爱人”是他对“仁”的最基本解释，也是“仁”的最基本内容。

在《论语》中，“仁”包含着“恭”“宽”“信”“敏”“惠”“勇”“智”“孝悌”“刚毅”“木讷”“敬”“忠”“恕”“直”“逊”“义”“好学”等。“仁”不是这些美德的简单组合或叠加，而是一种有机的结合体，是一种理想中的道德境界。

《论语》中关于孔子对“仁”的论述，如下表所示：

原文	出处
樊迟问仁。子曰：“爱人。”	《论语·颜渊》
孝弟也者，其为仁之本与？	《论语·学而》
己所不欲，勿施于人。	《论语·颜渊》
司马牛问仁。子曰：“仁者其言也讱（rèn）。”	《论语·颜渊》
刚、毅、木、讷，近仁。	《论语·子路》
克己复礼为仁。	《论语·颜渊》
为仁由己。	《论语·颜渊》
孔子曰：“能行五者于天下，为仁矣。”请问之。曰：“恭、宽、信、敏、惠。”	《论语·阳货》

舍生取义

“义”，繁体写作“義”，与“善”“美”等字同源，都从羊，有美好的意思。许慎在《说文解字》中称：“義，己之威仪也。从羊从我。”这样一个字，是如何成为儒家文化重要思想之一的呢？

图2 《孔子圣迹图》（命赐存鲁）

孔子讲“义”，常常与“勇”相联系。学生问他：“君子尚勇乎？”他的回答是：“君子义以为上。君子有勇而无义为乱，小人有勇而无义为盗。”他还说：“见义不为，无勇也。”主张“杀身以成仁”。孔孟提倡的“杀身成仁”“舍生取义”精神，激励着一代又一代志士仁人去探索，去奋斗，去奉献。抗元英雄文天祥就义之前，在衣带上写下铮铮誓言：“孔曰成仁，孟曰取义，唯其义尽，所以仁至。读圣贤书，所学何事？而今而后，庶几无愧。”

孔子从个人修养的角度讲“义”，把君子和小人、义和利对应起来讲。他说：“君子喻于义，小人喻于利。”（《论语·里仁》）又说：“君子义以为质”（《论语·卫灵公》）、“君子义以为上”（《论语·阳货》），意思是君子应该把义作为个人道德修养的本质内容，并放在首位。

《论语·述而》中的“见义思利”、《论语·季氏》中的“见得思义”，表明孔子认为君子应该看重义；同时，他认为如果合理地谋取个人利益，也是没有问题的，正所谓“义然后取，人不厌其取”（《论语·宪问》），但是不能取不义之财、不义之利，认为“不义而富且贵，于我如浮云”（《论语·述而》）。

言而有信

人言为信。《诗经》中便有“信誓旦旦”这样的记载，形容誓言非常诚挚。孔子及其弟子提倡在个人修养上要“主忠信”，要做到“恭宽信敏惠”，从而成“仁”；与朋友交要“言而有信”，“每日三省吾身”中有一条就是“与朋友交而不信乎”；在政治上要“敬事而

图3　《孔子圣迹图》（忠信济水）

信”，国家如果得不到百姓的信任，就会垮掉，即“民无信不立”。《论语·颜渊》中有这么一句话：“夫子之说君子也。驷不及舌。”这就是我们常说的“君子一言，驷马难追”的由来。但是，在孔子的一生中，却有“失信”的时候。

孔子周游列国宣传自己的学说时，在陈国生活了三年，也没什么作为，恰逢当时晋魏两国相争，经常攻打陈国，于是孔子带领弟子们离开陈国，前往卫国。但是到达卫国蒲地的时候，不巧卫国当地发生了叛乱，卫国的逃亡大臣害怕孔子去卫国威胁自己的权力，于是下令不准孔子入城。为了摆脱叛军的纠缠，孔子一行人只好向天发誓不去卫国。

可就在刚离开蒲地后，孔子马上命令弟子直奔卫国首都。子贡问：“盟誓难道可以违背吗？”孔子脸上一点羞愧的样子都没有，笑嘻嘻地说：“我是被逼着宣誓的，那些话我都不信，神怎么可能信呢？”说完一行人就奔着卫国去了。

可见，孔子的诚信观一点也不迂腐，完全吻合当今社会中“平等立约”的思想，并不认可一味刻板地守信。他说：“言必信，行必果，硁硁然小人哉！”（《论语·子路》）意思是说，追

求“必信”“必果”的人是浅陋固执的人，不是君子，君子做到“言而有信”即可，不必过于极端。

克己复礼

孔子的“礼”，有两个意思，一是指周礼，这也是孔子“礼”治思想的核心。孔子一直在感慨春秋时期“礼崩乐坏”，他希望能够通过“克己复礼”，也就是通过每个人克制自己不正当的欲望、冲动的情绪和不正确的言行，恢复到西周时候的礼治。他宣称：“一日克己复礼，天下归仁焉！”儒家主张只有贵贱、尊卑、长幼、亲疏各有其礼，才能达到君君、臣臣、父父、子子、兄兄、弟弟、夫夫、妇妇的理想社会。儒家的“礼”也是一种法的形式。它是以维护宗法等级制为核心，如违反了“礼”的规范，就要受到“刑”的惩罚。

二是指礼仪、礼貌和礼节，即“礼仪之规”。孔子曾说“不知礼，无以立也”，他还有一句名言：“非礼勿视，非礼勿听，非礼勿言，非礼勿动”，即使自己的视、听、言、行都符合“礼”的规定。这说明“礼”在道德领域已经被放在非常重要的位置加以尊重、加以规范、加以倡导。中国人向来把“礼”放在重要的位置上，以礼仪之邦表明我们是文明的，不讲礼仪是不文明的。由此可见，“礼”在中华传统美德中占有着重要位置。

图4 《孔子圣迹图》（克复传颜）

智者不虑

儒家的“智”，是指辨是非、明善恶和知己识人这样的能力，即“智谋之力”。“智”作为中华传统美德的基本要素之一，很早就出现在文字记载里。孔子常说，君子之道包括三个方面：“仁者不忧，智者不惑，勇者不惧。”又说：“知之为知之，不知为不知，是知也。”这是讲人的知识再丰富，总有不懂的问题，那么就应当有实事求是的态度，只有这样才能学到更多的知识，才是智慧之举。这里的“是知也”就是指“这才是智慧、这才是聪明、这才是智者”。在认识自我、认识社会、认识是非、认识善恶的聪颖、智慧思想方面，孔子提升了“智”作为一种道德要求在道德规范中的地位，使之成为一个具有普遍意义的新的道德概念和价值取向，成为对人们思想道德和文明素质方面最基本的要求之一。

孝悌为本

在甲骨文里，“孝”字是一个会意字，形象是小子搀扶老人。

图5　甲骨文的“孝”字

在孔子看来，人们在社会上生活，都有自己特定的名分和规定，不能僭越，否则就会天下大乱。因此，当孔子得知当时执掌鲁国大权的贵族季孙氏越规使用天子之礼时，非常愤慨地指责道：“是可忍，孰不可忍也?”（《论语·八佾》）由于孔子的伦理思想是以家庭道德为根基的，因此，这种等级主义精神在家庭里最主要的体现就是亲子关系中的孝道，其次是夫妇关系中的顺道，然后是兄弟关系中的悌道，男女关系中的从道。《论语》中关于这方面的论述有：“其为人也孝弟而好犯上者，鲜矣。”（《论语·学而》）“弟子入则孝，出则弟。”（《论语·学而》）“三年无改于父之道，可谓孝矣。”（《论语·里仁》）

图6　《孔子圣迹图》（孝经传曾）

史论纵横

正确看待孔子思想

孔子创立的儒家思想，是中华民族的精神家园和文化宝库，是千百年来中华儿女的行为规范和道德标准。孔子思想中的仁、义、礼、智、信、孝等原则是其思想的核心，也是社会的准则。

图7　唐朝阎立本《孔子弟子像》（局部）

孔子的仁爱主义精神，是他最具有合理成分的思想。其中尊重人的价值，主张人与人之间相互爱护、相互关心的人道主义，为人以仁爱为怀的意识，推己及人的道德行为模式等，对于当代社会贯彻以人为本的思想和推行人道主义都具有重要的启发作用，由此在中国历史上形成的仁政思想、仁爱情怀、博爱意义、人文主义精神、民本主义思想等也都具有重要的借鉴意义。

然而，古代社会扩家为国、家国同构，因而在家讲孝道，在国讲忠道，

“孝慈，则忠”（《论语·为政》）。齐景公问政于孔子，孔子对曰：“君君、臣臣、父父、子子。”（《论语·颜渊》）“君使臣以礼，臣事君以忠。”（《论语·八佾》），这些论述充分反映了孔子突出的等级主义精神。在此基础上生发出来的“三纲五常”“三从四德”等封建伦理纲常，强化了人间等级秩序的合理性、正当性，滋长出官本位观念和特权思想以及人有差等的观念，为巩固封建宗法制度和专制制度服务。等级主义精神扼杀了人们的个性发展，压抑了中国人的聪明才智，扭曲了国民的人格，成为阻碍社会发展的巨大障碍。

由此可见，孔子思想的伦理精神具有鲜明的两重性，一方面，它反映了中国社会伦理生活的一般要求，成为其思想中的精华部分。另一方面，它由于受到时代和阶级的局限，反映了中国古代社会宗法制度和封建专制主义的要求，随着时代的变迁，成为其思想中的糟粕部分。

史说新语

重拾传统文化

中华优秀传统文化源远流长、博大精深，一方面具有强烈的历史性、遗传性，另一方面又具有鲜活的现实性、变异性，无时无刻不在影响着今天的中国人，为我们开创新文化提供历史的根据和现实的基础。正如国学大师文怀沙所说，几千年的中国传统文化就是“精神的氧气”，毕竟“树的影子拉得再长，也离不开树根；我们走得再远，也走不出母亲的心”。爱国卫家、忠烈刚直、勤俭节约、克已奉公、孝敬长辈、助人为乐、和谐相处等优秀的思想品质是我国五千年文化的精髓，是中华民族对世界文明的伟大贡献，历尽岁月的淘洗越发闪出熠熠的光辉。

如何对待中国传统文化？要坚持古为今用、推陈出新，有鉴别地加以对待，有扬弃地予以继承。一方面，不能全盘肯定或全盘否定；另一方面，要在分析鉴别的基础上，坚决剔除其过时落后的糟粕后，积极继承吸收其合理优秀的成分。总的来说，就是对存在合理内核又具有旧时代要素的内容，要取其精华、去其糟粕；对明显不符合当今时代要求的内容，要加以扬弃。

如何使中华优秀传统文化成为我们日常生活的一部分？中华优秀传统文化的继承和发扬，不能仅仅做一个博物馆或者只是把传统文化用声音和影像保存起来，而应该是一种生活方式和行为准则，是一种活生生的东西。正如许嘉璐所说：“优秀传统文化不是摆设，不是只供学者研究的对象，而是养成民族灵魂的最好营养。如果一种文化产品只存在于博物馆中，一种文艺形式只存在于舞台上，那么我们就可以说，它们已经死亡了。同样的道理，如果传统文化只存在于学者的书斋里或研讨会上，那么我们也可以说，它已经死亡了。”

因此，对于中华优秀传统文化的保护和弘扬，并不是让其凝固而无法变迁，也不是对其进行隔离，而应该使起“活”起来。那么，活的文化在哪里呢？许嘉璐的答复是：“文化活在街道上、家庭中、人心里。”他举例说，女孩子穿着高跟鞋走在马路上，一下摔倒了，如果没人管，那伦理道德就死了；如果有人打“110”电话求助，那说明他内心的道德观活了一半；如果马上有人上来搀扶，中华优秀传统文化才是活生生扎根在人心里的。

【参考文献】

井琪、崔宪涛《传承和弘扬中华优秀传统文化》，《前线》2015 年第 7 期。

十　捭阖之术，纵横天下

——战国时期的纵横家

捭阖，即开与合，是一种谈判辩论之术，出自春秋战国时期的奇人鬼谷子之口。

战国，一个金戈铁马的时代。为了崛起称雄，各国都在招揽人才，而除了文臣武将之外，还出现了一类特殊的人物，他们深谙捭阖之术，辗转游说于各国之间，慷慨陈词，巧舌如簧，在当时的政治斗争中发挥了巨大的作用，甚至在一定程度上改变了战国的政治格局。他们有一个共同的称呼——纵横家。

史实寻踪

苏秦与合纵

秦国在商鞅变法后，国力大增，尤其在军事上更是所向披靡，严重威胁了其他各国的生存。在这样的形势下，一个叫苏秦的纵横家为东方六国提出了一种生存策略——“合纵”。

据《史记》记载，苏秦是东周洛阳人，早年为求取功名，先是追随名士鬼谷子学习，后又在外游历，结果却一事无成，回家后受到家人的讥讽。苏秦甚感惭愧，于是闭门思过，遍观史书。期间，有一本专讲权谋应变的书，引起了他的注意。苏秦潜心研究，学习书中的谋略之事。对于这段故事，《战国策》有更为详尽生动的描写，说苏秦回家时，“形容枯槁，面目犁黑，状有愧色。归至家，妻不下纴，嫂不为炊，父母不与言”。于是他下定决心，刻苦攻读，经常读到深夜，“欲睡，引锥自刺其股，血流至足”。这就是“悬梁刺股”中“刺股”一词的来历。

图1　苏秦刺股而读

一年后，苏秦认为自己终于找到了足以说服天下所有国君的方法，于是再次踏上了外出求官的道路。

苏秦最先想为周天子或者秦王服务，但结果都失败了。最后，苏秦开始游说六国，提出了“合纵”的主张。“纵者，合众弱以攻一强也”（韩非语），即六国联合共同抗秦。因为六国位置纵贯南北，南北为纵，所以称为“合纵”。

据《史记·苏秦列传》记载，苏秦首先来到燕国，等了一年多才见到燕王。虽然燕国是个小国，但为了取悦燕王，实施自己的计划，苏秦对燕国的实力进行了一通吹捧，燕王听着当然非常受用，苏秦的辉煌生涯就这样在友好的气氛中拉开了帷幕。趁着燕王高兴，苏秦话锋一转，说：秦国的强大有目共睹，燕国为什么没有受到秦国的侵略？因为南面有赵国！赵国如屏障一样挡住了秦军的攻势。而秦国和赵国哪一个对燕国的威胁大呢？“秦之攻燕也，战于千里之外；赵之攻燕也，战于百里之内。”孰重孰轻，一目了然。眼见自己的分析切中了燕国的要害，苏秦顺势提出了自己的建议：“愿大王与赵纵亲，天下为一，则燕国必无患矣！”也就是燕赵联合，共同抗秦。凭借着自己的三寸不烂之舌，苏秦最终说服了燕王。于是，他带着燕王资助的车马金帛，继续踏上了游说之途。

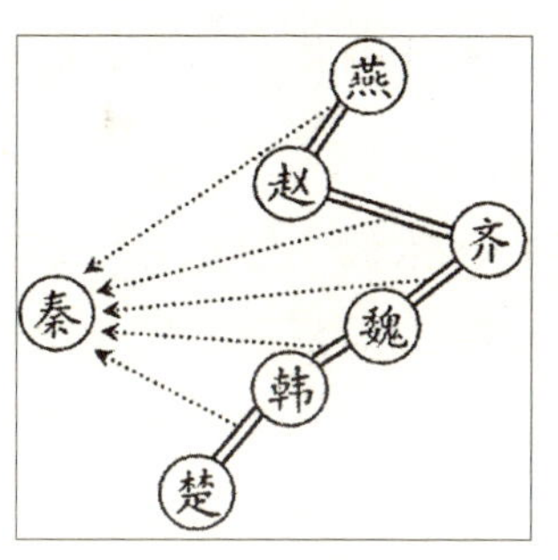

图2 合纵：合众弱以攻一强

苏秦最终使六国国君全部接受了“合纵抗秦”的主张，他本人则身佩六国相印，地位显赫一时。正是苏秦的“合纵”谋略，使强大的秦国十五年没敢出函谷关一步。

苏秦成功了，但他的成功却堵住了秦国的崛起之路，所以秦国一定要有一个应对策略。而提出这个应对策略的人，恰恰就是苏秦的老同学张仪。

张仪与连横

张仪和苏秦一样师从鬼谷子，学成之后，也像苏秦一样在诸侯中游说，却并不顺利，这从“张仪受笞”的故事中可以看出。

图3 张 仪

据《史记·张仪列传》记载，战国时，张仪来到楚国国相家中当了一名门客。一次宴会上，楚相丢失了一块玉璧，张仪因遭到怀疑而被拷打。回到家中见到妻子，张仪问：“你看我的舌头还在不在?”在得到肯定的答复后，张仪只说了一句话：“足矣!”

对于苏秦、张仪这类纵横家来说，只要舌头在，就够了。而且，他也真的做到了。

张仪在苏秦合纵成功以后来到秦国，提出了一个帮助秦国破坏六国合纵的应对策略——连横。

连横，就是秦国和六国中的一国结成联盟，只要和一国结盟，其他五国的合纵就会被破坏。

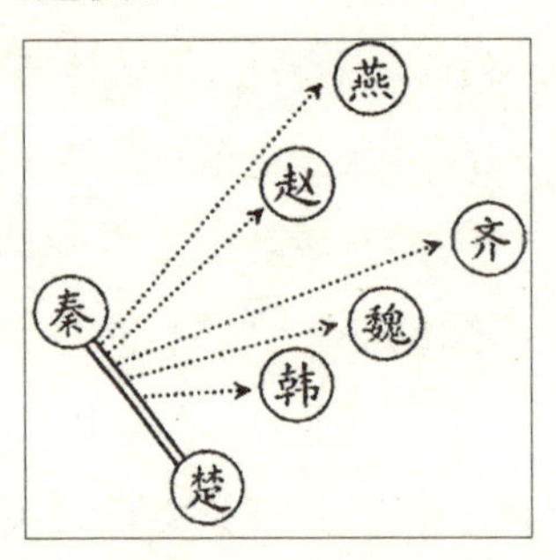

图4 连横：事一强以攻众弱

因为六国均在秦国的东面，东西为横，所以叫“连横”。

因为张仪是魏国人，他便从魏国开始，一个国家一个国家地进行游说，使各国或为秦国拉拢，归附于秦，或被拆散联盟，力量削弱。其中，“张仪欺楚”是很著名的一个故事。

东方六国之中，齐、楚两国最强，要实行“连横”，必须拆散齐楚联盟，所以，为了秦国大计，也因为多年前的那次受辱，张仪来到了楚国。

张仪知道楚王最宠信的大臣是上官大夫靳尚，而且知道靳尚是贪财好利的小人，于是送去许多金银玉器，买通了靳尚，这才去见楚怀王。

见到楚王，张仪诱之以利，许诺楚国如果和齐国解除盟约，“秦愿献商於之地六百里”。楚怀王听信此言，与齐断绝了关系，并派人入秦受地。谁知张仪回秦后，就假装从车上摔下，三个月未曾露面。楚王以为是因为自己与齐国绝交不够，于是又派人到齐国大骂齐王。齐王大怒，彻底与楚国决裂，转而与秦国结盟。张仪见目的达到，便告诉楚国使臣，自己答应给楚王的土地，不是商於六百里，而是自己的“奉邑六里”。

张仪的答复彻底惹怒了楚怀王，楚怀王盛怒之下，发兵攻打秦国，无奈不敌秦军，十万人马只剩下两三万，不但商於六百里地没得到，连楚国汉中六百里的土地也给秦国夺了去。楚怀王只好忍气吞声地向秦国求和，楚国从此大伤元气。后来，秦国又向楚国提出，希望用秦国武关外的土地换取楚国的黔中之地。楚王恨透了张仪，提出只要秦国交出张仪，就愿意将黔中之地主动相送。张仪请求亲自前往，不但巧妙地利用靳尚和楚王宠姬郑袖的关系顺利脱险，还得到了楚王赠送的丰厚赠礼。就这样，齐楚两国先后背离了“合纵”，与秦国交好。

凭借三寸不烂之舌，张仪使六国纷

纷由“合纵”抗秦转变为“连横”亲秦，使秦国向着统一又迈进了一大步。六国的合纵最终被张仪的“连横”破坏掉了。那么，“合纵”为什么会失败呢？首先，六国的自身利益很难长期保持一致。虽然六国都有抗秦以自保的需求，但同样会因利益诉求不同而矛盾重重。比如韩、赵、魏三国，因为和秦国靠的比较近，最容易受到秦国的打击，也就最容易在“合纵”和“连横”之间摇摆。而燕、齐、楚三国，在地缘上离秦国比较远，所以常常坐山观虎斗，“合纵”也就失去了意义。

其次，纵横家的成功，其实也必须借助本国实力的强大。张仪的成功，就是因为有强大的秦国做后盾。而苏秦的“合纵”，虽然通过联合弱者，暂时与强者保持均势，但始终没有解决各个国家自身强大的根本问题，始终要依赖于别国，所以失败是必然的。苏秦、张仪无疑是战国纵横家中名气最大的两位，而他们之所以盛极一时，是和当时特定的社会形势分不开的。秦始皇统一六国后，“焚书坑儒”，下令不准卖弄口舌，是古非今，致使纵横家们失去了其存在的价值和市场。到汉朝实现大一统之后，这些靠舌头行走天下的人也就逐渐从历史舞台上消失了。

史论纵横

纵横家书重见天日，《史记》记载再遭质疑

1973 年冬天，在长沙马王堆三号墓挖掘现场，考古人员在棺房的东边箱内，发现了一个极不起眼的黑色长方形漆盒，虽然历经 2000 多年，仍保存完好。随着漆盒被考古人员小心翼翼地打开，一个后来被誉为“地下图书馆”的书奁（lián，意为匣子）赫然展现在人们的面前。

书奁有五个大小不等的方格，其中一个大格里有一堆折叠的丝织品，这就是三号墓中最有价值的出土文物之一——帛书。当晚，帛书装在充满氮气的塑料袋中被运往北京故宫集中整理。帛书中大多都是久已失传的佚书（佚 yì，指散失的书籍），其中有二十七章后来被命名为《战国纵横家书》。

《战国纵横家书》的重见天日，使得司马迁《史记》中部分记载的真实性再次遭到质疑。

东汉史学家班固评论司马迁的写作原则是“其文直，其事核，不虚美，不隐恶，故谓之实录”。正是这种“实录”精神令司马迁和他的《史记》在

史学界备受重视。但长期以来，关于《史记》中的记载是否都是真实的，一直众说纷纭。此次的争论主要集中在苏秦和张仪的年代问题上。

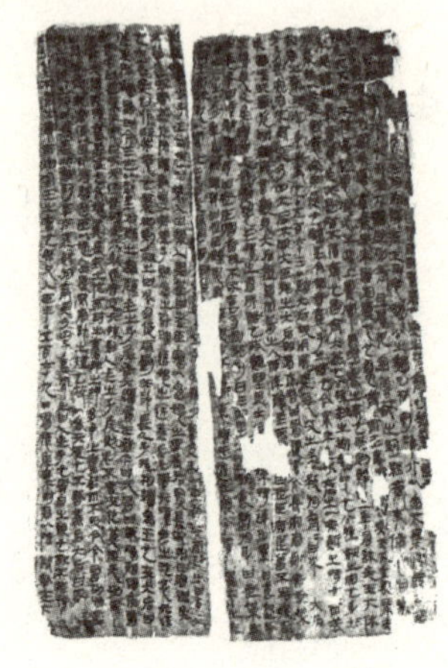
图5 长沙马王堆汉墓出土帛书《战国纵横家书》(部分)

《史记》中，司马迁把苏秦和张仪说成是同时代的人，两人针锋相对，上演了一出合纵连横的对手戏。但从《战国纵横家书》的记载来看，张仪的生活轨迹要早于苏秦，而且两人根本没有过交集，苏秦的主要活动均在张仪身死之后。和张仪同时期的比较有名的纵横家应该是公孙衍、陈轸等人。由此看来，《史记》的记载是错的，苏秦的生活时代明显被提前了。

但有人同样提出质疑：《战国纵横家书》亦为后辈策士所记，并经辗转抄录（其字体在篆隶之间，且避汉高祖刘邦名讳，当为汉初写本），难免致误。虽然司马迁或许没见到这本帛书，但并不意味着帛书就是最真实、最重要的一种。

到底是《战国纵横家书》所记属实，还是《史记》的记载更准确？看来在没有更多更有力的证据的前提下，争论还会继续下去。但客观地讲，即便真的是《史记》错了，也不必大惊小怪，因为司马迁毕竟是汉朝人，对于战国时期的事情，只能参考前人著作和民间传闻来写，再加上秦始皇的“焚书”，造成资料匮乏，因此有一些错误也是难免，不应该因此而否定整部《史记》的史料价值。

史说新语

鬼谷下山

2005年7月12日在伦敦佳士得举行的“中国瓷器及艺术品”拍卖会上，有一件名为“鬼谷下山”的元代青花瓷罐以1400万英镑拍出，加佣金后为1568.8万英镑，折合人民币约2.3亿，创下了当时中国艺术品在世界上的最高拍卖纪录。一时间，世人的目光纷纷投向这件天价瓷罐，“鬼谷下山”的故事也为更多人所知晓。

图6 元代青花大罐“鬼谷下山”

这个青花大战国时期燕、齐两国交

战时，为齐国效命的孙膑被燕国所擒，其师父鬼谷子接到齐国使节通知后前往营救，与使节一起下山的情景。画面上，鬼谷子乘坐一辆由一虎一豹拉的两轮车，跟随两个步卒，齐国使节苏代（苏秦之弟）骑马殿后，两人之间有一少年，手执一面旗，写有“鬼谷”两字，纵马前行。

这个故事出自元代平话。“平话”即话本，为说书人之底稿，文字浅白近口语，是后来小说的前身。平话的很多内容虽以史实为本，却多掺杂稗官野史，怪力乱神，受道教影响甚大。所以，不要把此故事等同于真实的历史。

那么，真实的鬼谷子是何许人也？

图7　鬼谷子画像

历史上的鬼谷子是一个颇具神秘性的人物，相传是纵横学派的创始人，但正史中不见其姓，不知其名，只知他隐居鬼谷，著书立说，传道授徒，自号鬼谷先生。正是因为有关鬼谷先生的古籍文献少之又少，所以他是否离开过鬼谷，实在是说不清楚的，就连鬼谷在哪里，历来也是众说纷纭。

相传，鬼谷子教授的弟子，几乎囊括了战国时代最有名的外交家、军事家、谋略家，乃至说客、方士等，不但人数众多，而且个个声名显赫。其中最著名的有苏秦、张仪、孙膑、庞涓四个，他们都曾经呼风唤雨，在很大程度上左右过战国的时局。仅凭这四个，鬼谷子就绝对称得上“奇人”了。但这可信吗？据《史记》记载，苏秦、张仪都师从鬼谷先生，这是正史中对鬼谷子的最早记录，所以，苏秦、张仪是鬼谷子的弟子，后世基本是认可的，后来出土的《战国纵横家书》也证明了这一点。至于孙膑、庞涓，《史记》只说他们两人“俱学兵法”，至于跟谁学，并无记载，反而是在后世的一些演义和野史中能见到他们是鬼谷子弟子的说法，对此，很多学者认为不足为凭。由此看来，鬼谷先生为救徒弟孙膑而下山，极有可能是后人的演绎，而非史实。

【参考文献】

1. 周鹏飞《苏秦张仪年辈问题考辨》，《人文杂志》1985年第6期。

2. 潘定武《苏秦行年试说》，《黄山学院学报》2009年第2期。

十一 被“抢”的节日？
——从中韩端午申遗之争说起

农历五月初五端午节，是我国千百年来一个重要的节日。2001 年，韩国开始为端午申遗做准备。自此，中韩两国网民各抒己见，开始了激烈的端午申遗之争。国内新闻媒体和网上议论纷纷，高调呼吁“坚决捍卫属于我们的端午节”。与此同时，韩国网友也指出，韩国的江陵端午祭与中国端午节的种种差异，认为江陵祭与端午节是完全不同的。

2005 年 11 月 24 日，韩国申报的“江陵端午祭”被联合国教科文组织正式确定为“人类口头和非物质文化遗产代表作”。经过此事，国人开始为中国端午节申遗积极奔走。2009 年 10 月 30 日，中国端午节被联合国教科文组织确定为世界非物质文化遗产。

图 1　世界遗产标志

尘埃落定，冷静思考，我们的端午节和韩国的江陵端午祭是不是一回事儿呢？在这场中韩“端午申遗”之争中，我们又能得到什么启示呢？

史实寻踪

我国的端午节

端午节与春节、中秋节并称为中华民族三大传统节日，几乎是我国各民族的共同节日，一般举行于农历五月初五，有“端阳”“端午”“重午”“沐兰节”“天中节”“女儿节”“龙船节”“粽子节”等别称，属于岁时民俗。

关于中国端午节的起源，历来说法不一。有人认为源于纪念历史人物，如春秋时期楚国大夫屈原、比屈原还早 200 多年的伍子胥、东汉孝女曹娥。闻一多认为，端午节源于吴越龙的民族图腾祭。据他考证，端午节的许多活动早在屈原以前就存在了，所以这是春秋时期吴越地区一个以龙为图腾的部落举行图腾祭祀的日子，也就是说端午节是“龙的节日”，即“祭龙日”，是希望用龙的威慑力驱除所有的灾疫邪祟。还有人说端午节起源于恶日。先秦时期，人们普遍认为五月是个毒月，五日是个恶日，所以五月初五为不吉之日，需要辟邪。其中，“纪念屈原说”最为流行。

端午节在中国传承了两千多年，从魏晋至明清，形成了悬艾、竞渡、食粽、采药、挂符、驱五毒、喝菖蒲酒、饮雄黄酒、结五彩缕等众多习俗，其中悬艾、竞渡、食粽等习俗保存至今。

图2　悬　艾

旧时端午，家家户户都会采些艾草、菖蒲悬于门上，认为它们可以驱虫邪。我国对端午悬艾的最早记载见于南北朝时期宗懔的《荆楚岁时记》：“采艾以为人，悬门户上，以禳毒气。”宋代则出现悬艾虎的习俗，艾虎或以艾编剪而成，或剪彩为虎，粘以艾叶，佩戴于发际、身畔，还有饮艾酒的习俗。明清时代又出现佩戴装有艾叶等药草的荷包的习俗。

图3　竞　渡

竞渡即赛舟，最早的记载也见于《荆楚岁时记》：“是日（端午）竞渡”，并加以解释：“五月五日竞渡，俗为屈原投汨罗日，伤其死所，故命舟楫以拯之。”闻一多则认为，竞渡最早始于吴越的水军操练。无论其起源如何，竞渡是端午节的重要活动，一为祈求农业丰收，二为驱除瘟疫，不仅在汉族地区流行，在少数民族地区也相当活跃，如壮族、傣族、苗族都有盛大的龙舟赛会。竞渡成为端午节的一大特色，中国端午节也因此被国外称作“龙舟节”。

图4　食　粽

粽子是端午节重要的时令食品，它最早称“角黍”，据西晋周处《风土记》记载：“仲夏端午，烹鹜角黍……俗以菰叶裹黍米，煮之，合烂熟，于五月初五至夏至啖之，一名粽，一名黍。”南朝吴均《续齐谐记》也记载：“屈原五月五日投汨罗水，楚人哀之，至此日，以竹筒贮米投水以祭之……今五月五日作粽，并带楝叶、五色丝，遗风也。”事实上，角黍是一种用小米做的菱角状北方食品，吴均所言的“粽”指竹筒粽，是南方常见的一种食米方法，二者都曾被用作水神的祭品。隋唐时代，随着国家的统一，南北文化的融合，开始以糯米为主料制作角黍，在形状、配料上也多有创新，被正式称为“粽子”，并视作端午节的特色食品，流传至今。

由此可见，中国端午节具有悠久的传统和丰富的文化内涵，辟邪、防病、悬艾、竞渡等特色流传至今。

韩国的“端午祭”

“端午祭”在韩国被称作“天中节”“重午节”“戍衣日”“水濑日”等。据韩国学者考证，早在檀君开天时代（前 2333 年）就出现了五月五祭祀，直到 1785 年朝鲜人才对端午做了明确记载。据可考的历史记载，朝鲜民族的端午祭祀活动始自三韩时代（相当于中国秦汉时代），其起源说法不一。有祭神说，农历四月至五月是播种的关键期，为能顺利播种及收获而举行大型祭神活动；历史人物说，大多数韩国人认为其端午祭源自中国，是为祭祀中国屈原而设立，后来各地区纪念的人物不同，如江陵地区纪念金庾信将军，慈仁地区纪念韩宗愈将军，庆尚北道孝灵县军威地区则纪念金庾信、苏定方和李茂三位将军，之后发展为祭祀当地山神、土地及其他保护神。可见，韩国的端午尤其突出祭祀这一特质，所以被称作“端午祭”。

韩国端午祭在江陵地区保存得比较完整。江陵历史悠久、文化灿烂，其端午祭除汇集国内所举行的传统习俗外，还有属于自己的内容。它不是一家一户的小型祭奠礼仪，而是一项大规模的巫术祭礼，是这一地区全民的庆典活动。经韩国民俗学家任东权提议，1967 年，韩国政府将“江陵端午祭”列为国家重点文物。从此，“江陵端午祭”这一习俗有了制度的保护，获得传承与创新。

“江陵端午祭”的主要内容有祭祀、演戏、游艺，其中的祭祀仪式保存了完整的形式和内容，是韩国“江陵端午祭”的核心。

“江陵端午祭”的祭祀仪式分为儒教式祭祀和巫术式祭祀两部分，一庄一谐，体现出官民同庆的节日氛围。儒教式、祭祀以奉读汉文祝祷词的形式进行，祝祭的内容涉及除祸招福、健康安宁、治愈疾病、农渔丰收、禽畜繁盛等；巫术式祭祀在儒教式祭祀之后，是人类通过巫师向神进行祈愿、实现人与神交流的礼仪形式，规模较大的巫术式祭祀一般包括请神、娱神、送神三个阶

图 5　儒教式祭祀

图 6　巫术式祭祀

段。在“江陵端午祭”中所占的比重最大。

“江陵端午祭”的一切祭祀活动都与神话传说相关。其中，有灭高句丽、平定百济的新罗将军金庾信变成大关岭山神的传说；有神奇出生，大难不死，后来成为梵日国师的异人变成大关岭城隍神的传说；有被城隍抢婚的常人家女儿变成大关岭女城隍的传说等。由于这些神话至今仍广泛流传，神话中的人物也一直存活在江陵人的心中。

“江陵端午祭”形成大规模的庆典习俗，在 1603 年时即有详细记录，其内容包括从农历四月起的锯神木、迎神、演戏等一系列祭祀习俗，以及融大关岭山神祭与村庄城隍祭于一体的村落祭奠等，参加人员上至达官贵人，下至黎民百姓，形成官民合一的庆典形式。

现在，“江陵端午祭”的规模有所发展，有着烦琐的祭祀仪式，从“山神祭”算起到送神止，时间长达 20 多天，包括祭祀仪式、官奴假面舞剧、农乐表演、民谣演唱、江陵风物游艺、民俗游艺、表演文化，以及摔跤、打秋千、长跪比赛、跆拳道比赛等项目。其中，江陵官奴假面剧是江陵端午祭最独特的节目，该剧生动地再现出古时韩国官府奴婢与贵族的生活面貌，是韩国现存的唯一一部无声假面剧，演员们的表演生动传神，引人入胜。除此以外，从五月初一到初十，还举办全国性的盛大的“乱场”（庙会集市），各地特产商品集中展销，规模很大，人们认为在“乱场”购物比在商场超市里购物更神圣。

图 7　官奴假面舞剧

史论纵横

端午节 = 端午祭？

“祭”和“节”并不相同。相比较而言，“祭”是指活动，“节”是指一个纪念日，比如春节很多地方都有，但是每个国家、地方都会有自己特别的活动内容。韩国的“江陵端午祭”是一个特殊的民俗活动，而非端午节节日本身。

北京大学高丙中教授认为，韩国的“江陵端午祭”不同于中国的端午节。“江陵端午祭”由祭祀、舞蹈、民间艺术展示等构成，中国的端午节由吃粽子、划龙舟、纪念屈原等构成。就相同点而言，两国的端午都是在农历五月初五，这是因为韩国借鉴了中国的夏历。

如果追溯韩国“江陵端午祭”的原型，受古代中国文化的影响是不容置疑的。就节日习俗而言，端午节虽然发源于中国，但是在长期的流传和国际交流中，它被中国周边的国家和民族所吸纳、所接受，并置于自己的文化土壤之中，形成具有自己民族独色的节日习俗。中国端午节的许多习俗如插艾蒿、吃粽子、饮雄黄酒、带荷包、划龙舟等习俗，在韩国的端午中并不存在。而韩国的“江陵端午祭”中，祭祀仪式、假面舞剧、游艺、表演等，尤其是其中的祭祀仪式保存了完整的形式和内容，是韩国“江陵端午祭”的核心。

从节日所承载的文化内涵来看，中国端午节民间流传最广的是纪念屈原之说，人们选择屈原等作为端午节的主角，说明了其辉煌的文学成就和深厚的爱国主义情怀得到了大多数中国人的认同，对不同时代的人们都起到了非同寻常的激励作用。同时，端午节的龙舟竞渡是一项很有气势、极具合作精神的竞技活动，有益身体强健和民众团结，具有增进亲情友情、密切人际关系的功能。而韩国“江陵端午祭”是一项大型的庆祝活动，它以端午节为契机，紧密结合了韩国民众信仰和农时活动，以韩民族自己的方式，创造了丰富多彩的内容和形式。它的祭祀仪式，无论是“儒祭”还是“巫祭”，都保持了原生状态，这种原生形态正是“江陵端午祭”历史价值、文化价值和美学价值之所在。

史说新语

《端午颂》

应该说，申遗是让国际社会了解一个民族文化的手段，文化遗产的保护不在“争”，而在于继承和弘扬。

2015 年 9 月，傅抱石之女、国画家傅益瑶女士不动声色地完成了一件大工程：历时一年，完成长达 14 米的大型国画长卷《端午颂》，这是国内首次以长卷形式再现联合国教科文组织“人类非物质文化遗产代表作名录”项目的活态传承现状。她用两条脉络来贯穿长卷：一是文脉，一是图脉。文脉是纪念屈原的爱国精神，不管到了什么时代，从未改变，端午节让人们内心的这种精神追求集中爆发出来；图脉是用传

图 8　傅益瑶《端午颂》（局部）

统笔墨手法来统御画面，在具体的处理上，既有场面宏大的叙事特征，又有细节的生动性，从而耐看耐读。画作长1395厘米，宽180厘米，面积达230平方尺，画面上总共有1000多个人物，尺幅之大创目前国画创作之最。

为画好这幅巨作，傅益瑶前后酝酿了三年，广泛收集文献资料，并到湖北秭归和西塞等地观察体验相关民俗活动，速写草稿就有两大本，光绘画就用了一年半时间。

端午的民俗风情，如祭祀、赛舟、包米粽、点雄黄、洗浴、扎红绳、贴门符、歌舞欢乐……所有的端午元素艺术地毕现画卷，是中国文化、民俗节日——“端午”的一曲丹青颂歌。

【参考文献】

1. 陈久金、卢莲蓉《中国节庆及其起源》，上海科技教育出版社1989年。

2. 高丙中《民俗文化与民俗生活》，中国社会科学出版社1994年。

3. 赵杏根《中华节日风俗全书》，黄山书社1996年。

4. 杨琳曦《韩国非物质文化遗产保护制度对我国的启示——以端午祭申遗成功为视点》，《涪陵师范学院学报》2007年第1期。

5. 黄杰《从岁时民俗特征比较中韩端午节端午祭》，《浙江大学学报(人文社会科学版)》2007年第4期。

6. 刘晓峰《端午节与东亚地域文化整合——以端午节获批世界非物质文化遗产为中心》，《华中师范大学学报(人文社会科学版)》2011年第3期。

7. 冯秋红《傅益瑶〈端午颂〉重磅面世》，《扬子晚报》2015年9月23日。

十二 “看脸的时代”

——以兵马俑的脸型鉴证大秦军队

参观秦兵马俑时，你有没有在其中发现“自己”呢？据研究，兵马俑的脸型有多种，基本涵盖了所有中国人的脸部特征。已出土的兵马俑，与姚明、梁家辉、陈道明、张艺谋、王宝强、孙杨、方文山等多位知名人士大撞脸。

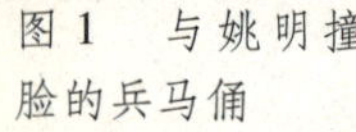

图 1　与姚明撞脸的兵马俑

图 2　与陈道明撞脸的兵马俑

为什么会有这么多知名人士与兵马俑撞脸？中国美术学院雕塑系主任龙翔的解释是：“和兵马俑撞脸是再正常不过的事。不仅是兵马俑，出土于山西地区的五代泥塑，有很多也与现在的当地人长得一模一样。虽然它们产生在两千多年前，但大多都是以活着的人为模特制作的。长相特征与基因有关，不是轻易会变的东西，所以和现代人撞脸很正常。”

秦兵马俑的塑造的确体现了极高的写实风格。秦俑的制作者抓住不同身份、不同人物的性格和面貌特征，塑造了多种多样的典型人物，比如方形脸、厚嘴唇是关中人的特征，显得淳朴而憨厚，坚毅而沉着；小脸型、高颧骨的就是当时的少数民族，让人感到能吃苦耐劳，机敏灵巧……这些艺术家，向我们展现了“千人千面”兵马俑，也让我们看到了气势磅礴的大秦军队。这支“仿真”军队的真面目是什么呢？他们是不是助秦王嬴政实现“秦朝梦”的军队呢？

史实寻踪

“千人千面”兵马俑

1974 年，考古工作者在陕西临潼发现了秦始皇兵马俑坑，出土了数千件的雕塑作品，场面恢宏壮观、气势磅礴，令人叹为观止。这个人类古代文化奇观，被誉为“世界第八大奇迹”。

秦始皇兵马俑共发掘出四个兵马俑坑，其中的四号坑是未建成的坑，其余三坑是陪葬坑，总占地面积有20000多平方米。出土的兵马俑种类有将军俑、军吏俑、御手俑、跪射俑、骑马俑、步兵俑、百戏俑、文吏俑、奏乐俑、圉（yǔ，养马的地方）人俑以及马俑等；颜色种类丰富，有绿、红、黑、紫、粉、白、黄、赭等，面部和头发部位的刻画尤为精细。

其中，将士俑就是2000多年前的秦人，他们的身高普遍在1.8米左右，手中持有武器，均为武士装束。仔细看看他们的脸，原来他们每个人都有自己的特征，没有完全一样的面孔。我们中国人常见的圆脸、长脸、方脸等这里都有，一共有9种不同的脸型，真可谓是“千人千面，千姿百态”。

1. 椭圆形脸型：面部较长，下巴稍圆。该脸型的陶俑数量较多。

图3 椭圆形脸型

2. 卵圆形脸型：上大下小，形状如倒置的鸡蛋。该脸型陶俑较多。现在一般称为瓜子脸，是人们比较喜爱的一种俊美的脸型。

图4 卵圆形脸型

3. 圆形脸型：面庞方圆，面颊丰腴，五官端庄，容颜浑厚凝重，气质纯朴。此类脸型的陶俑较少，和此种脸型相配的躯体，一般都个头不高，但粗壮结实，力能扛鼎。

图5 圆形脸型

4. 方形脸型：宽额头，高颧骨，下巴较方且浑厚，面部肌肉丰满，浓眉大眼，鼻梁短而鼻头大，阔口厚唇，黑红色面庞，显示出健康、结实、纯朴的气质。此类脸型的陶俑数量较多。

图6 方形脸型

5. 长方形脸型：脸型窄长，五官较小。该脸型的陶俑数量较少。有的灵巧修长，面庞狭长，细眉修目，薄薄的嘴唇，两撇小八字胡，下颏上一点小须，头梳圆髻，昂首挺胸站立，仪态自然，显现出俏丽清秀之美。有的面型狭长，颧骨隆起，面颊清瘦，透皮见骨，额头皱纹起伏，嘴唇上有两道上翘的八字胡，下巴上有三点乳状的髭须，一看便知是个饱经风霜的老战士。

图7　长方形脸型

6. 菱形脸型：颧骨部分比较宽，脸的上下两部比较窄狭，圆润的额头，丰硕的面颊，高高的颧骨，尖长的下巴，上翘的八字胡，大眼弯眉，面带笑容，给人以真切的感受。此脸型陶俑比较少见。

图8　菱形脸型

7. 梯形脸型：下部比上部大，形状如梯形。该脸型陶俑数量较少。有的为扁长的面庞，宽绰的额头，扁薄的下巴，细眉长目，大口薄唇，面庞和五官统一于扁长之中，显得非常和谐；有的为长方面庞，宽扁的下巴向上翘起，张口，蹙眉，一双特大的眼睛睁得圆圆的，全神注视着前方，目光中含着警惕、机敏；有的为长方面庞，双颊的肌肉丰满，细眉小眼，小口薄唇，细小的五官与那胖鼓鼓的脸有点不和谐，但却惹人喜爱。

图9　梯形脸型

8. 倒梯形脸型：上部比下部大，而下部也有一定的宽度。该脸型陶俑发现较少。

图10　倒梯形脸型

9. 五角形脸型：面庞较长，窄额、宽腮，下巴肥硕且有一定的曲折，由于面颊和下巴肌肉丰腴，五官显得略小，细眉，半眯的小眼，鼻和嘴都凹陷在丰满的肌肉之中，形象真切。只有个别陶俑为此脸型。

图11　五角形脸型

在秦兵马俑军阵中，还有一些具有特殊面部特征的陶俑，有些学者判断他们具有戎人的因素，但是他们的脸型还是没有超出以上9种的范围。

图12 具有特殊面部特征的陶俑

将士俑呈现出的年龄不同，表情也各有特征。年纪大一点的，脸上留着胡须，知道战争的残酷，所以显得严肃，凝重；年纪轻一点的，正充满了杀敌立功的美好愿望，对自己有百倍的自信，因而表情是开朗的，眼光中闪现出自豪和必胜；还有更年轻的，可能还不知道打仗是怎么回事，嘴角带着一丝淡淡的微笑。就是这些年龄、性格、表情各不相同的秦人，呈现出了“奋击百万、战车千乘”的强大气势。

史论纵横

鉴证大秦军队

“秦王扫六合，虎视何雄哉！”秦始皇兵马俑组成的这支军队，是不是帮助秦王嬴政实现统一的队伍呢？换句话说，兵马俑所展示的究竟是秦始皇统一六国时的战阵，还是始皇死时咸阳的守军？对此，史学界有以下观点：

1. 原秦始皇兵马俑博物馆馆长、“秦俑之父”袁仲一先生认为，这是秦统一天下时的军队。他把士兵俑的身体特征分为三类：脸颊胖乎乎的是关中（陕西省中部）出身的士兵，圆脸尖下颌的是巴蜀（四川省）出身的士兵，高颧骨彪悍体型的是陇东（甘肃东部）出身的士兵。他认为这就是秦统一天下时的军队。

2. 日本学者鹤间和幸认为这是始皇死时咸阳的守军，也就是秦统一后经历了对外战争的军队。从士兵俑的面孔来看，有被秦所灭的六国人，也有匈奴等北方游牧民还有络腮胡、高鼻梁、高颧骨、厚嘴唇的西方面孔，这显示了秦帝国的拓展，所以这是秦统一后经历过对外战争的军队。

总的来说，通过兵马俑的脸型表现出的特征看，这支秦军由典型的北方人组成，其中有一些少数民族。

北方人

从以上对秦兵马俑面部形状的分类看，兵马俑多数为椭圆形、卵圆形脸型，长方形、方形、圆形脸型也占有一定的比例，梯形、倒梯形、五角形脸型只有个别发现。调查显示，现代中国南方人中菱形脸和五角形脸较多，而兵马俑军阵中这类面型的陶俑较少，说明秦军主要由北方人组成。

统一以前的秦军当然以秦人为主，而统一以后，始皇大规模地收缴天下武器，并将重兵都聚集在关中地区，此时的秦军也应以关中地区的秦人为主。秦时的驰道东到燕、齐，南达吴、楚，江湖之上，东海之滨，无所不至，驰道宽五十步，每隔三丈栽一棵树，驰道外边筑有厚厚的城墙，并用铁椎夯实，栽种青松。这便于秦军从咸阳出发直达六国，迅速地平定叛乱。秦国末年，由于四处用兵与边疆防卫需求的增加，才开始征发一部分六国人员加入军队，秦军的族群因素变得复杂，但仍以北方人群为主。

少数民族

春秋战国时期，秦人对戎狄发动过大规模的战争。秦穆公时期，国土比原来扩大十二倍，称霸西戎。战国后期，秦惠王灭掉了义渠、大荔等戎族，实行郡县制管理，建立陇西、北地郡，使得居于此地的大量戎人进入秦军。后来，秦将白起攻楚，占领楚地西部；蜀守张若伐取巫郡及楚江南地。秦兵马俑中表现的一些少数民族因素应该是这种统一大背景的体现。但是秦俑中的戎狄因素并不明显，秦军主要仍由北方人构成。那么，这支军队是秦王嬴政统一天下的武器，还是统一之后为秦帝国开疆拓土的虎狼之师？恐怕还有待于历史考证。

从史料记载看，秦代有“典客”一职，《汉书·百官公卿表》说：“典客，秦官，掌诸归义蛮夷。”这一官职的设立说明在秦国的政治生活中处理少数民族事务占有重要的地位，其中安置少数民族人员应是其重要的一方面。

史说新语

二号坑的惊喜

1994年，考古专家对秦兵马俑坑的二号坑进行了正式发掘，发掘出大量保存较好的彩绘俑，其中最为出名的就是神秘的绿面俑。和人们熟悉的肉红色或粉白色面孔的秦俑完全不同，这个兵俑除了头发、胡须、瞳孔是黑色的以外，脸部全是由石绿颜料涂成的绿色。该俑的出土，引起了文物专家的争论，谁也不能确定为什么这尊俑的面部要施以绿色颜料，对此，专家学者、普通观众纷纷提出各种疑问和看法。有的认为，绿面俑应为军中傩

图13　兵马俑二号坑发掘出的彩绘俑

图 14 绿面跪射俑

(nuó)人，在军中负责驱疫逐邪的巫术祭祀活动；有的认为，绿面俑是融入了某些少数民族文化元素的特色陶俑，因为在戏剧中绿色是少数民族的象征；还有的认为，绿面俑是个哨探，把脸涂成绿色是为了便于隐匿……争论至今仍在继续。

2003 年初，陕西省考古研究所秦始皇陵考古队在秦兵马俑博物馆门前约 500 米处，清理一处为秦始皇陵烧制砖瓦的窑址时发现了一座墓葬，埋藏有 121 具人的骨架。专家们在对骨架做 DNA 鉴定时，发现了一个具有“欧亚西部特征”的个体。专家推测，在汉代“丝绸之路”之前、秦始皇在位时，东亚人群和欧亚西部人群之间就可能已经有了较为频繁的联系，既然有“洋劳工”，那么在秦始皇的“军阵”中，会不会出现“洋士兵”呢?

2015 年 4 月 30 日，经过国家文物局批准，尘封多年的二号坑迎来第二次正式发掘。此次发掘又有可能带来哪些惊喜呢?

考古进行时，历史研究仍在深入中……

【参考文献】

1. 袁仲一《秦始皇陵兵马俑研究》，文物出版社 1990 年。

2. 张卫星《千人千面的统一——秦兵马俑面形再认识》，《文博》2005 年第 1 期。

3. 王俊民、包柏成《秦陵兵马俑中绿面俑容貌文化意义解读》，《宁夏大学学报》2009 年第 4 期。

4. ［日］鹤间和幸《始皇帝的遗产：秦汉帝国》，广西师范大学出版社 2014 年。

5.《秦兵马俑二号坑将开始第二次发掘，或发现外国兵》，人民网 2015 年 4 月 30 日。

十三 量度天地衡万物

——古代度量衡的变迁

“半斤八两”是我们经常用到的一个词，形容两个人彼此不相上下。但在现代的概念中，一斤明明是十两，半斤应该是五两，为什么会出现“八两”呢？

这个词的出现与一种衡器——秤有关。我国古代最初的秤以十六两为一斤，所以半斤就是八两，直到 1959 年我国才改十两为一斤。如此看来，古代的度量衡制度发展到今天，是经历了很大变化的，就让我们来了解一些有关古代度量衡的知识吧。

图1 杆 秤

史实寻踪

“度量衡”这个词，平时人们很少提到，但在实际的生活中，却是时时刻刻都离不开。从小处讲，你买双鞋，多少码？买桶油，几升？买堆苹果，几斤？从大处讲，修路、盖楼、造飞机，哪一样都需要度量衡。那么，什么是度量衡呢？广义的度量衡，是指所有的测量活动；而狭义的度量衡，就是计量长度、容量和重量的物体的统称。

人体度量衡——度量衡的起源

度量衡是怎么产生的？

设想这样一个场景：中国，上古时期。两位男子在市场偶遇，他们没有名字，但互相看中了对方的东西：羊和布。他们打算以物易物。可交易结束前出了点问题，换到布的人打开布比量了一下，觉得自己亏了，布不够长，还不及他肩膀到膝盖的长度呢。换到羊的人不服气了，他明明试过的，从肩膀那儿算起，布都快到脚背了。争执半天，羊换回了布，外加一块好看的石头。但两个人都觉得不太高兴。

从这一场景当中，我们可以看出三点：一、测量活动，即度量衡，是伴随着人类交换行为的出现而产生的。二、人们最初是用人体进行测量的。三、用人体测量，会因为不同意见而引起争端。

那么，人们是怎么利用人体进行测量的呢？

对长度的测量

仔细观察自己的身体，你觉得哪些部分便于作为测量标准呢？身高，臂长，脚长？不错，这些都可以作为测量标准，而我们的先人们也是这样做的。据古籍记载，“布指知寸，布手知尺”。也就是说，一指之宽为一寸，大拇指到食指之间为一尺。而且，古人们还发现人的身高正好是布手的十倍，这便是十尺为一丈的由来，于是，古代的男子又多了一个称谓——“丈夫”。

图 2　布手知尺

除此之外，人们还利用一些人体动作作为测量长度的标准。现在考考你：如果你抬起一只脚，向前跨出的距离是 50 厘米，那么，你一步的长度是多少？先别笑，这不是脑筋急转弯，它是一个纯粹的数学题！如果你的答案是 50 厘米，那么恭喜你，你答对了。但如果被提问的对象是一个古人的话，他的答案和你就不一样了，当然，他必须智商正常才行。知道为什么吗？因为古人“举足为跬，倍跬为步”，也就是抬起一只脚，向前跨出，这叫一跬；再把另一只脚跨出去，前后两个动作加起来，才是一步。所以，我们现在所说的一步实际上相当于古代的半步。

对容量和重量的测量

我们再看看身上的各个部件，好像能用来测容量和重量的地方不多，但古人们仍然有自己的办法。“一手之盛谓之溢，两手谓之掬”的记载，说明我们的手，除了可以用来测长度之外，也是很理想的测容量的工具，而且操作起来也很方便。《墨子》中有关于测重量的记载：十人能共同举起的木头为十挈（qiè），五人能举起的便是五挈，这是以人的体力作为权衡轻重的准则，但真正操作起来应该很麻烦。有没有更好的办法呢？有！但不是人体，而是以粮食粟或黍的重量作为测量重量的标准，比如说 1200 粒粮食合在一块儿，就是一铢。

其实，用手足来测定长度的做法，我们今天在某些场合仍然在使用，所以古代人用此方法应是很普遍的。但人体作为测量标准，缺陷也是显而易见的，毕竟每个人的身体状况都不同，标准自然难以统一。所以，后来人们就用人体之外的实物来代替，度量衡的测量发展到了实物阶段。

实物度量衡——度量衡的发展

作为最初的实物测量工具，一条平直的树枝、日常的盛器都有可能担任过，但却具有很大的随意性。后来，人们逐渐制定出了专用的度量衡器。

再来看以下场景：战国初年，齐国。正值晚秋，地里的粮食早已颗粒归仓，忙活了一年的农户们从所收获的粮食中分一部分出来，准备用来偿还去年借的田家的粮食。他们来到一片空地，早有人等在那里，面前摆着一大一小两个斗。看到农户们来得已经差不多了，一个账房先生模样的人拿起面前的大斗，清了清嗓子："去年借给大家粮食的时候，用的是这个斗，咱们大人仁慈，今年收回粮食改用小斗。"话音刚落，农户们立即欢呼起来。大斗出小斗进的做法，令田氏赢得了民心，后来田氏掌握了齐国的政权，并被周天子封为诸侯。这就是历史上著名的"田氏代齐"。

通过上述场景，我们获得了如下信息：一、春秋战国时期，已经有了专用的度量衡器。二、这一时期的度量衡比较混乱，标准不一。三、度量衡除了经济上的功能外，还被用作政治斗争的工具。

那么，最初的专用度量衡器会是什么样子呢？

测量长度的器具

目前见到的最早的尺度实物是一把商代骨尺，用一根兽骨磨制而成。经测量发现，商尺的一尺，仅有现在的16厘米左右，比我们今天通用的一尺短了一半还多。据史料记载，这么短的尺度标准是根据大禹大拇指到食指间的距离确定的。既然如此，根据前面我们介绍的人身体的比例，你能算出大禹的身高吗？应该是160厘米左右！这样的身高，在那个时代应该很不错了。

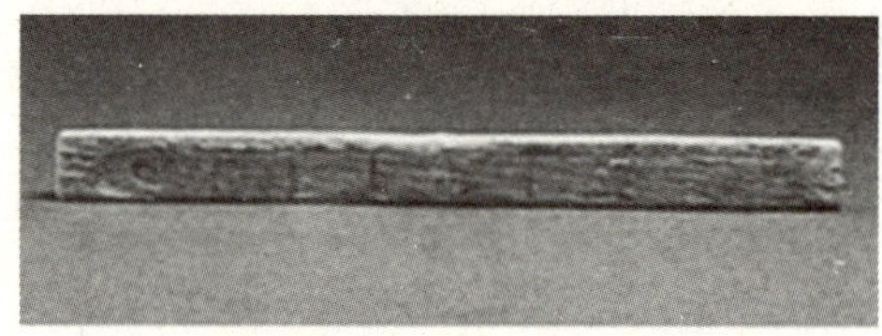

图3　商代骨尺

测量容量的器具

图4　子禾子铜釜　　图5　陈纯铜釜

图6　左关铜鋓

中国古量器的起源很早，新石器时代遗址中就有许多陶罐、陶钵之类的容器。但由于当时还没有文字，无法确证这些器物就是量具。流传至今的最早刻有铭文的量器是出土于山东的“齐量三器”，分别是子禾子铜釜、陈纯铜釜和左关铜鉌（zhōu）根据量器上的铭文内容，可以判断这是战国时期齐国的量器，是专门设在关卡（左关）用来征收税赋的标准量器，铸造者就是那个代齐的田氏。

测量重量的器具

目前所发现的最古老的衡器是天平。在我国，存世比较早的是春秋时期的天平，但只有砝码。20 世纪 50 年代，考古工作者在湖南境内整理发掘了 2000 座楚墓，其中在 100 多座春秋战国墓葬中，发现了大量的天平、砝码，其中有两座出土的天平是完整的。

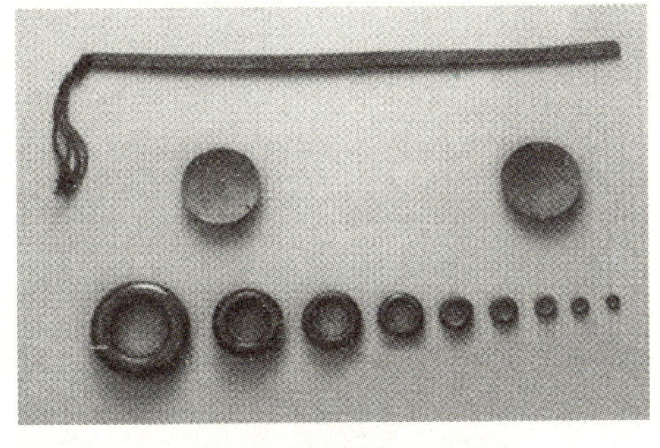

图 7　战国楚国天平

春秋战国时代，各个诸侯国都有自己的度量衡，但标准不一，致使度量衡单位非常复杂混乱，又缺乏科学标准，非常不方便使用和流通。那么，你知道是谁结束了这一切吗？

公元前 221 年，扫平六国后，秦始皇最先做的事情之一，就是统一了全国的度量衡。其实，早在秦朝统一之前，商鞅在秦国就已经统一了度量衡，后来秦始皇就把秦国的度量衡标准推行全国。为了保证新制度的有效执行，秦始皇除了将标准的度量衡器发放到各地外，还制定了严格的检定制度：规定各地使用的度量衡器具，必须由官府校正，不仅在领用前要经过严格校准，而且每年至少还得校正一次。《秦律》规定，度量衡器在使用中，如果超过允许的误差，就要受到惩罚。比如一石误差在 16 两以上，罚该府长官一副铠甲；误差不满 16 两，而在 8 两以上的，罚盾牌一副。如此大的力度，效果自然立竿见影。

秦朝以后，历代度量衡都经历了不断演变的过程，逐渐地由粗糙变成精细，由简单变成复杂，而且量值也出现了由小变大的趋势，比如商代一尺大约相当于现在的 16 厘米，以后逐渐增大，到民国时期增长为 33.3 厘米，一直沿用至今，增加了一倍之多。不单尺度有一个逐渐增大的趋势，量与衡也有这种趋势。正因为此，所以今人才会对“半斤八两”等一些说法产生疑问。

史论纵横

世界都一样

和中国一样，世界其他民族的先人，最初的测量活动也往往借助于人体。

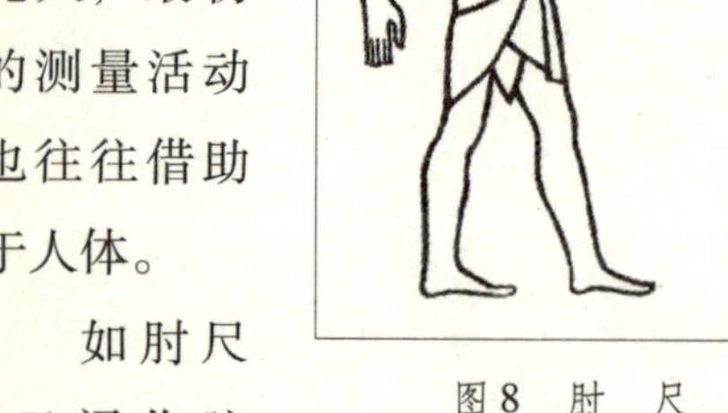

图8 肘 尺

如肘尺（又译作腕尺），很多国家都曾使用过，大约出现于公元前6000年。这个单位的概念是，伸开手臂，从肘关节至中指间的距离。

在英国历史上，英国国王以自己的脚长来确定“英尺”的长度，故在英语中“英尺”和“脚”是同一个词（foot），而尺子和统治者是同一个词（ruler）。“英里”则沿用古罗马军事统帅凯撒以军队行军时每走2000步为一罗马里的先例。“英寸”的标准起初是10世纪的英国国王埃德加的拇指关节长度，但后来的爱德华二世颁布“标准合法英寸”，确定从大麦穗中选取三粒最大的麦粒，排成一行，其长度即为一英寸。“码”是由英国国王亨利一世在12世纪确定的，一码为其鼻尖到中指尖的距离。

在德国，英尺的确定是以某一个星期日礼拜完毕后，令最先走出教堂的16名男子，立于教堂门前，高矮不拘，他们各出左足，前后相接，取得此长度的十六分之一，定为一英尺。

克拉是宝石的重量单位，一克拉在阿拉伯语里是一粒角豆树种子的重量。角豆树有一个奇特的现象，无论长在何处，它所结的种子，每一颗重量均大体一致，所以就被用来作为测定重量的砝码。1907年，国际上商定以克拉作为宝石的计量单位，1克拉即200毫克，一直沿用至今。

史说新语

有关秤的习俗

秤是测定物体重量的衡器，在长期的历史的发展中，人们赋予了它一些别的含义。

秤，代表公平。古代的官员们向来喜欢在自己的府衙及宅院中，装饰上一杆大秤，来树立一种公正、无私、清廉的形象。

秤，还被人们看作吉祥之物。在我国江南一带，民间都有置办杆秤的习俗，称之为“当家财神”，寓意“有秤当家，家财兴发”。每逢过年，还要用红纸卷贴于杆秤的头上，祈祷财气兴旺。建屋上梁时，要将秤砣悬挂在梁上，取“称心如意”之谓。结婚时，新郎要用秤杆将新娘的红盖头轻轻挑开，然后抚摸一下新娘的头发，再摸摸自己的头，寓意婚姻称心如意，二人白头到老。

人们还给杆秤披上神秘的色彩，将其灵化为龙的化身。秤钩是龙嘴，秤纽是龙眼，秤杆是龙身，秤星即是龙鳞。每逢下雨之时，长辈们就要将大秤悬挂于堂前，以求神龙护佑，镇邪避灾。

古诗云：“立夏秤人轻重数，秤悬梁上笑喧闺。”立夏之日的“称人”习俗主要流行于我国南方，这一天，家家户户挂起一杆大秤，全家老少都要称一称体重。据说这一天称了体重之后，就不怕夏季炎热，不会消瘦。立夏称人有很多讲究：第一，秤锤不能向内移，只能向外移，意即只能加重，不能减轻。第二，称的斤数若是九，就必须再加上一斤，因为九是尽头数，不吉利。

图9　称　人

一杆秤竟有如此多的习俗，体现出中华民间文化的博大。现在人们常见的是电子秤，电子秤中已经体现不出这些民间习俗了，这不能不说是一种遗憾。

【参考文献】

1. 刘纳新《为世界作注——度量衡的起源》，《发现》2007 年第 6 期。

2. 丘光明《古代度量衡单位趣谈》，《中国计量》2011 年第 6 期。

3.《探秘度量衡》，中央电视台科教频道《探索发现》栏目 2014 年 3 月 16 日。

4. 黄赤成《有关杆秤的谜语及习俗》，《中国计量》2015 年第 8 期。

十四　丝路开启中国范儿

——探究丝绸之路

2013 年 9 月 7 日，习近平同志在哈萨克斯坦纳扎尔巴耶夫大学发表演讲时表示，为了使各国经济联系更加紧密、相互合作更加深入、发展空间更加广阔，我们可以用创新的合作模式，共同建设“丝绸之路经济带”，以点带面，从线到片，逐步形成区域大合作。随即提出，中国将出资 400 亿美元成立丝路基金。

我国政府为什么如此重视丝绸之路？以建设“丝绸之路经济带”的方法促进各国交流与发展，可行性有多少？中国投入如此大手笔，效益何在？丝绸之路到底有多大魅力和影响呢？别急，我们慢慢探究。

图 1

史实寻踪

丝路千年

丝绸之路是指起始于古代中国，连接亚洲、非洲和欧洲的古代商业贸易路线。狭义的丝绸之路一般指陆上丝绸之路，广义上讲又分为陆上丝绸之路和海上丝绸之路。

丝绸之路开通以前，中原与欧亚草原之间就存在着密切的文化交流，中原的青铜器、车器、兵器等常常出现在中国北方地区草原民族的墓葬中。战国时期，中原的丝绸、漆器、铜镜等经由草原民族远播至新疆、哈萨克斯坦以及更遥远的希腊，欧亚草原流行的动物纹样也由西至东传入中国北方地区，被中国工匠借鉴和创新，形成一种全新的具有浓郁草原风情的神兽纹样；同时，西方的玻璃制品、金银器等也经由草原地区传入中国。汉代“丝绸之路”正是在这样一条“玉石之路”基础上拓展出来的。

西汉时，汉武帝即位之初，为了摆脱匈奴的威胁，欲派使者去联络西域各国，特别是与匈奴有矛盾的大月氏（zhī）共伐匈奴。于是，他悬赏征募使者出使月氏。当时，谁也不知道月氏国在哪儿，也不知道有多远，要担负这个任务，可得有很大的勇气。年轻的汉中人张骞首先应募了。历史的“蝴蝶翅膀”，就这样扇开了伟大的一幕。

公元前138年，张骞出使西域，随行的人有一百多人，其中就包括一直与他共行的堂邑父。他们从陇西出发，在经过匈奴占领的地界时，被发现并扣押起来，被迫分散开来住，只有堂邑父跟张骞住在一起，一住就是十多年。十多年中，他们在那里娶妻生子，可是张骞始终没有忘记自己的使命，他与堂邑父商量过后，趁着匈奴人不防备，骑上两匹快马逃走了。他们一直向西跑了几十天，吃尽苦头，逃出了匈奴地界，没找到月氏，却闯进了另一个国家大宛（在今中亚地区）。

图2　张骞雕像

大宛和匈奴是近邻，当地人懂得匈奴话。张骞和堂邑父都能说匈奴话，交谈起来很方便。他们见了大宛王，大宛王早就听说汉朝是个富饶强盛的大国，现在听说汉朝的使者到了，很欢迎他们，并且派人护送他们到康居（约在今巴尔喀什湖和咸海之间），于是他们由康居又到了月氏。虽然大月氏国王很有礼貌地接待了张骞，但他们却不想再跟匈奴作战，没人答应张骞的要求。

张骞和堂邑父在大月氏住了一年多，还到大夏去了一次，看到了许多从未见到过的东西。返回的时候，他们再次经过匈奴地界，又被扣押了一段时间，幸好匈奴发生内乱，才逃出来回到长安。此时，他们已经离开长安出使西域13年了。

返回长安后，张骞被封为太中大夫。他向汉武帝详细报告了西域各国的情况，这让汉廷对西域的情况有了进一步的了解，并且产生了浓厚的兴趣。公元前119年，张骞拿着汉朝的旌节，带着三百个勇士，还带着一万多头牛羊和黄金、钱币、绸缎、布帛等礼物，再次踏上了征程。张骞首先到了乌孙，与乌孙王商讨共同对付匈奴的事情，并派副

图3　张骞出使西域（敦煌壁画）

手们带着礼物分别去联络大宛、大月氏、于阗（tián，在今新疆和田一带）等国。

后来，乌孙王在张骞返回长安时，派了几十个人一起到了长安，还带了几十匹高头大马送给汉朝。汉武帝很是高兴。此后，汉武帝每年都派使节去访问西域各国，汉朝和西域各国建立了友好交往。西域派来的使节和商人也络绎不绝。中国的丝和丝织品，经过西域运到西亚，再转运到欧洲，后来人们把这条路线称作“丝绸之路”。

公元73年，到了东汉时，班超随从大将军窦固出击北匈奴，并奉命出使西域。他率吏士36人首先到了鄯善，以“不入虎穴，焉得虎子”的决心，使鄯善为之震服。之后，他又说服于阗归附中央政府。班超重新打通隔绝58年的丝绸之路，并帮助西域各国摆脱了匈奴的控制，被任命为西域都护。班超在西域经营30年，加强了西域与内地的联系。

图4　班　超

到魏晋南北朝时期，丝绸之路不断发展，主要有西北丝绸之路（又叫绿洲丝绸之路或沙漠丝绸之路）、西南丝绸之路（又叫永昌丝绸之路）和海上丝绸之路三条。隋炀帝即位后，有经略四方之志，一方面进行军事扩张，开拓疆域；一方面遣使与海、陆两道丝路沿途国家进行交流。到了唐代，随着唐政府对丝路的开发，尤其是隋唐大运河的投入航运，极大地加强了江南富庶地区与中原地区的联系，南方的丝绸、瓷器、茶叶等商品源源不断地通过大运河运送到洛阳、长安并通过丝绸之路远销西方。唐与中亚诸国的联系不断增强，贞观十四年（640）粟特人将制造葡萄酒的技术传入中国，大批犹太商人涌入中国，丝路上的通使及商业往来活跃起来。

在蒙古西征之前，中亚腹地范围内的国际商队贸易就有一定规模。成吉思汗为了征服亚欧大陆，除了以武力掠夺邻近外族财富、还大力借助回国商队来筹措军饷。他曾多次派遣一些商队前往中亚各国进行贸易。明代海上丝绸之路航线已扩展至全球，进入极盛时期。向西航行的郑和七下西洋，是明朝政府组织的大规模航海活动，曾到达亚洲、非洲39个国家和地区，这对后来达·伽马开辟欧洲到印度的地方航线，以及对麦哲伦的环球航行都具有先导作用。

明清两代，由于政府实行海禁政策，广州成为中国唯一对外开放的贸易大港。广州的海上丝绸之路贸易比唐、宋两代获得更大发展，形成了空前的全球性大循环贸易，并一直延续至鸦片战争前夕。鸦片战争后，中国海权丧失，沿海口岸被迫开放，成为西方倾销商品的市场。从此，海上丝路一蹶不振，进入了衰落期。这种状况贯穿整个民国时期，直至中华人民共和国成立前夕。

古今意义

中国是丝绸的故乡，在经由这条路线进行的贸易中，中国输出的商品以丝绸最具代表性。19 世纪下半期，德国地理学家李希霍芬就将这条陆上交通路线称为“丝绸之路”，此后中外史学家都赞成此说，沿用至今。丝绸与同样原产中国的瓷器一样，成为当时一个东亚强盛文明的象征。当时欧洲各国元首及贵族曾一度以穿着用腓尼基红染过的中国丝绸，家中所使用的瓷器为富有荣耀的象征。

葡萄、核桃、胡萝卜、胡椒、胡豆、波菜（又称为波斯菜）、黄瓜（汉时称胡瓜）、石榴等商品活跃在丝绸之路上，它们的传播为东亚人的日常饮食增添了更多的选择。西域特产的葡萄酒经过历史的发展融入中国的传统酒文化当中。商队从中国主要运出铁器、金器、银器、镜子和其他豪华制品。东西方相互传入和移植的东西很多，医术、舞蹈、武学和一些著名动植物，都使双方开阔了视野。汉代习惯将西方输入的东西冠以胡字，如胡琴、胡瓜、胡萝卜等；唐代则习将它们名称冠以海字，如海棠、海石榴、海珠（波斯湾珍珠）等。据《唐会典》载，唐王朝曾与三百多个国家和地区相通使交往，每年取道丝绸之路前来长安这个世界最大都市的各国客人，数目皆以万计，定居中国的，单广州一地便以千计。

中国古代印刷术也是沿着丝路逐渐西传的技术之一。在敦煌、吐鲁番等地，已经发现了用于雕版印刷的木刻板和部分纸制品，其中唐代的《金刚经》雕版残本如今仍保存于英国。中国的造纸术在盛唐时也传入了大食帝国，不久便经它传入了欧洲各国。

佛教自两汉间传入中国后，至南北朝开始大行于中国，并使之中国化。佛教文化为中国传统哲学的发展，注入了新的血液。

中国之所以能在汉代鼎盛时期开通茫茫西域，是由于当时中国国力强盛、文明高度繁荣。丝绸之路之所以能历千年而交流不断，是由于中国文化敢于并善于吸取世界文明的成果。从这一意义上讲，丝绸之路的开通与持续繁荣，又是中国文明强大生命力、创造力和持久魅力的象征。2000 年之后，新丝绸之路的崛起具有极其重要的意义。2000 多年的交往历史证明，只要坚持团结互信、平等互利、包容互鉴、合作共赢，不同种族、不同信仰、不同文化背景的国家完全可以共享和平、共同发展。

丝绸之路上的文物

后世丝绸之路的研究与考古发现密不可分，流传下来的许多文物皆是研究丝绸之路的有力证据，这些丝绸之路遗宝为研究和探讨这条文化线路提供了丰富的证据，见证了丝绸之路这条文化、商贸路线的往昔繁荣景象。下面，我们一起来欣赏这些文物吧。

德化窑妈祖坐像

坐像中，妈祖头戴方形平顶冠，身穿冕服，肩披帏，双手藏袖于胸前，正襟端坐，左右分立“千里眼”与“顺风耳”二属——传说中妈祖于 23 岁时收服的金、水之精。

图 5　德化窑妈祖坐像

景德镇窑青花果树纹油醋瓶

图 6　景德镇窑青花果树纹油醋瓶

为清康熙年间文物，荷兰倪汉克先生捐赠，现由上海博物馆收藏。

这个瓶子的造型非常特别，是一种双口联体器，器腹中间隔断不通，可以同时盛放两种液体。这种双管瓶是典型的定烧器，有的地方称为调味瓶，或者根据它的用途称为油醋罐。瑞士布鲁塞尔皇家艺术博物馆和荷兰国立博物馆也有相似藏品，只在器身装饰上略微有些不同。这个油醋瓶应当是直接仿制欧洲的玻璃器，并且可能是特别为荷兰市场烧制的，是餐桌上盛放油和醋的容器。它通体用青花满绘了花、果和昆虫，可以辨认的有葡萄、石榴、桃子、牵牛花、菊花、兰花以及蝴蝶和蜻蜓，繁而不乱。

漳州窑酱地白花军持

一种盛水器，器形很特别，就像是在花瓶上安了一个水壶嘴。这件军持也

图7　漳州窑酱地白花军持

是定制瓷，是明代时期阿拉伯风格。上面的水壶嘴，学名叫“流”，流尖端圆滑，显然不是中国传统的器形。

胡人俑座陶灯

为东汉文物，1995 年贵县（今贵港市）高中工地 14 号墓出土，现由广西壮族自治区博物馆收藏。

汉代俑像真实地再现了汉代社会风貌，反映了当时的生活各种信息，而胡人陶俑，则真实地承载了两千多年前中西文化交流的重要意义。这尊东汉时期

图8　胡人俑座陶灯

的胡人俑称为“人形座陶灯”，属红陶质，灯座塑成一双脚并拢屈膝而坐的裸体人物。人物双手抚膝，头顶圆形灯盘，盘发；脸部刻出浓眉大眼，络腮胡须，高鼻梁，舌头外伸；颈粗短，并刻出一条项饰和胸毛。人物形象奇特，种族有待考证。

马来人陶范

图9　马来人陶范

为唐朝文物，扬州市农学院工地出土，现由扬州博物馆收藏。

随着中外文化的交流，隋唐时期表现出了以异域情趣为美的时代特征，在本土器物的造型及纹饰风格中，常见外来艺术因素。这件唐代马来人陶范，扁嘴大耳，形态可掬，充满异域风情，可能是当时的装饰品。

瓯窑青瓷堆塑谷仓罐

为三国时期文物，现由浙江省博物馆收藏。

这件谷仓罐的罐身肩部堆塑着杂耍、吹奏、骑马、跪拜等貌似胡人的姿

图10 瓯窑青瓷堆塑谷仓罐

态各异人物，可见当时沿海地区胡人的存在已相当普遍。谷仓罐主要是三国西晋越窑烧造的殉葬品，绝大多数发现在浙江和苏南的大型墓葬里，三国晚期最为精美。

史论纵横

丝绸之路申遗成功引发西安洛阳之争

2014年6月22日丝绸之路申遗成功，但由于世界遗产委员会建议将原“丝绸之路：起始段和天山廊道的路网”的提法，命名为“丝绸之路：长安——天山廊道的路网”，西安、洛阳两座城就此起了争议。

西安洛阳各执一词

2006年，联合国教科文组织世界遗产中心、中国国家文物局曾主持召开的丝绸之路申报世界文化遗产国际协调会，为丝绸之路起点在何处定了基调：丝绸之路中国段始于公元前后的中国汉代东西两京（洛阳、长安）。

图11 西安的未央宫遗址保护展示区（展示了汉代的道路结构、宫墙、城墙、水系等格局）

恰恰是这一定调，成为两座“千年帝都”争执丝绸之路起点的关键所在。两地文物局也坚持用不同名词来表述丝绸之路申遗项目。河南文物局、洛阳文物局对于丝绸之路申遗的项目，是以“起始段和天山廊道的路网”来命名。而陕西文物局、西安文物局则是以“丝绸之路：长安——天山廊道路网”来称呼该项目。

争议之下的丝路经济带角逐

在多位专家看来，两个城市的起点之争背后是争取纳入国家新丝路经济带规划。

专家认为，“丝绸之路”与“丝绸之路经济带”两个概念并不相同，“丝绸之路”是历史文化概念，“丝绸之路经济带”是经济贸易通道。

也有专家认为，在交通发达经济联系紧密的当前，西安、洛阳都不能轻易定为丝绸之路经济带的起点。

由于“一带一路”总体规划还处于研究规划阶段，此次丝绸之路申遗究竟对丝绸之路经济带规划有多大影响，还是个未知数。

史说新语

丝路重生

千百年来，不同的文化在古丝绸之路上交相辉映、相互激荡，积淀形成了世人共知和推崇的和平、开放、包容、互信、互利的丝绸之路精神，而且不断注入新的时代内涵。

2013 年 9 月，习近平同志发出“一带一路”的倡议，分别指的是丝绸之路经济带和 21 世纪海上丝绸之路。经初步估算，“一带一路”沿线总人口约 44 亿，经济总量约 21 万亿美元，分别约占全球的 63%和 29%。“一带一路”贯穿亚欧非大陆，一头是活跃的东亚经济圈，一头是发达的欧洲经济圈，中间广大腹地国家经济发展潜力巨大。丝绸之路经济带重点畅通中国经中亚、俄罗斯至欧洲（波罗的海），中国经中亚、西亚至波斯湾、地中海，中国至东南亚、南亚、印度洋。21 世纪海上丝绸之路的重点方向是从中国沿海港口过南海到印度洋，延伸至欧洲，从中国沿海港口过南海到南太平洋。根据“一带一路”走向，陆上依托国际大通道，以沿线中心城市为支撑，以重点经贸产业园区为合作平台，共同打造新亚欧大陆桥、中蒙俄、中国—中亚—西亚、中国—中南半岛等国际经济合作走廊；海上以重点港口为节点，共同建设通畅安全高效的运输大通道。中巴、孟中印缅两个经济走廊与推进“一带一路”建设关联紧密，要进一步推动合作，取得更大进展。

“一带一路”的倡议，对于世界最大的魅力，将不仅仅在于有多少投资和利润，更重要的是它能够给世界带来一股新的潮流，让平等合作、文化交流、经济繁荣，而非军事霸权，成为未来世界秩序的另一条主轴。

【参考文献】

1. 南宇《西北丝绸之路五省区跨区域旅游合作开发战略研究》，科学出版社 2012 年。

2.《揭秘丝绸之路上的呆萌文物们》，中国文物网 2014 年 6 月 20 日。

3.《丝绸之路申遗成功引发西安洛阳争议丝路起点》，《21 世纪经济报道》2014 年 6 月 27 日。

十五　匈奴去哪儿了

——一个彪悍民族的前世今生

图 1

“他们的身材粗壮，头大而圆，阔脸，颧骨高，鼻翼宽，胡须浓密，长长的耳垂上穿着孔，佩戴着一只耳环。厚厚的眉毛，杏眼，目光炯炯有神。身穿长齐小腿的、两边开叉的宽松长袍，腰上系有腰带，腰带两端都垂在前面，由于寒冷，袖子在手腕处收紧。一条短毛皮围在肩上，头戴皮帽。鞋是皮制的，宽大的裤子用一条皮带在踝部捆扎紧。”这段话用来描绘上述三幅图片中的人再合适不过了。这三个人虽然名称不同，生活在不同时期、不同地区，但是穿着打扮却非常相似，他们就是匈奴人及其后裔。

匈奴，这个昔日北方彪悍的民族，曾经在马背上叱咤风云、盛极一时，但最后却在泱泱的历史长河中消逝得无影无踪，留下了许多未解之谜。这个民族去了哪里？她和后来的突厥人、蒙古人之间有没有血统上的联系呢？匈奴人的后裔如今又都生活在哪里呢？

史实寻踪

匈奴的前世

在匈奴建国以前，东北亚草原被许多大小不同的民族部落割据着。后来的匈奴国，就是以匈奴部落联盟为基础，征服了诸部落联盟、部落以及其他一些小国而建立起来的。公元前 3 世纪，匈奴统治者主要有中央王庭、东部的左贤王和西部的右贤王，他们控制着亚欧大陆上从里海到长城的广大地域，包括今天的蒙古国、俄罗斯的西伯利亚、中亚北部、中国东北等地区。

秦始皇统一中国后，命蒙恬率领30 万秦军北击匈奴，收复河套，屯兵上郡（今陕西省榆林市东南），“却匈奴七百余里，胡人不敢南下而牧马”（汉代贾谊《过秦论》）。蒙恬从榆中（今属甘肃）沿黄河至阴山构筑城塞，连接秦、赵、燕五千余里的旧长城，并修筑了北起九原、南至云阳的直道，构成了北方的防御线。

汉初，冒顿单于继位后，匈奴开始对外扩张。他们收复了蒙恬所夺的地方，并夺取了汉朝的朝那（zhū nuó）、肤施等郡县，并且对汉朝的燕、代等地进行侵掠。因此，汉朝与匈奴进行了大规模战斗。公元前201年，韩王信被迫投降匈奴。次年，汉高祖刘邦亲率32万大军征讨，在白登（今山西大同东北）被冒顿单于40余万骑兵围困七天七夜。汉高祖用计逃脱后，改变了对匈奴的政策，变“征讨”为“和亲”，即将汉室宗女嫁与单于，并赠送一定数量的财物以及开放关市准许双方人民交易。此后，汉文帝、汉景帝等也沿用和亲政策，以休养生息。然而匈奴仍不满足，不时出兵侵扰边界。

图2 冒顿单于

到汉武帝时，西汉经过近70年的休养生息，国力大大增强，对匈奴从战略防御转为战略进攻。公元前138年，汉朝在东部联合乌桓，在西部派张骞两次出使西域，联络大月氏、大宛，以和亲、通商的方式联合西域诸国，压缩匈奴的空间。之后，汉朝同匈奴进行了三次大战：河南之战（也叫漠南之战）、河西之战、漠北之战。公元前127年，汉武帝派卫青占领河套地区。公元前124年，他又派卫青等击败入侵的9万匈奴骑兵。公元前121年，霍去病夺取了富庶的河西走廊。公元前119年，卫青、霍去病分东西两路进攻漠北，霍去病追击匈奴至今日蒙古国境内狼居胥山，卫青则在东路扫平匈奴王庭，右贤王率领四万余人投归汉朝，汉军共获俘7万多人。

公元前87年，汉武帝去世，汉朝暂时停止对匈奴的攻击。汉昭帝时，匈奴为缓和与汉的敌对关系，把扣留了19年的汉使苏武释放，以示善意，但匈奴骑兵仍然不断在北方边境出现。公元前73年，匈奴向乌孙国索要汉公主（即西汉嫁给乌孙王的解忧公主），乌孙向汉求救，汉朝组织五路大军十几万兵马，与乌孙联兵进攻匈奴。公元前71年，双方再次联兵20余万合击匈奴，大获全胜。公元前60年，匈奴内乱，掌管西域事务的日逐王先贤掸与新任单于屠耆堂争夺权位，发生冲突。日逐王降汉，匈奴被迫放弃了西域。汉朝完全控制了西域，匈奴实力大减，已无力扰汉。

到了西汉晚期，匈奴发生了分裂。呼韩邪单于率部归顺汉朝，而流窜到中亚与汉朝为敌的郅支单于，也被汉将陈汤以“明犯强汉者，虽远必诛”为理由消灭掉了，汉匈关系从此走向和解。东汉初年，匈奴贵族中反汉的势力重新抬头，导致匈奴再次分裂，南匈奴归顺东汉，而北匈奴则坚持与东汉为敌，经常对南匈奴和汉人进行掠夺。

而当时东汉刚刚建立，国力还属于恢复期，因此直到汉明帝时，才发动了对北匈奴的反击战。公元73年，汉军四路出击北匈奴，窦固、耿忠统率的汉军一直追击到天山一带，并夺取了伊吾（今新疆哈密）。汉和帝时，又发动了针对北匈奴的反击战。89年，窦宪、耿秉率领汉军大败北匈奴，一直追击到燕然山（今蒙古国杭爱山）。91年，汉军再次出击北匈奴，在金微山（今阿尔泰山）大败北匈奴，北匈奴只得向西逃窜。至此，北匈奴已无法在漠北蒙古高原立足，只得退出蒙古高原，向西迁徙。

匈奴去了哪里？

北匈奴西迁的第一站：伊犁河流域

与其说匈奴是西迁，还不如说西逃贴切一些。91年，北匈奴战败后，残部西逃至伊犁河流域的乌孙国。在当地立足后，北匈奴仍然出没于天山南北，实施掠夺。119年，北匈奴攻陷了伊吾，杀死了汉将索班。为了对付西域的北匈奴，东汉任命班勇为西域长史，屯兵柳中（今新疆吐鲁番一带）。班勇于124年、126年两次击败北匈奴，西域的局势开始稳定。班勇离职后，北匈奴势力又重新抬头。137年，汉将裴岑在巴里坤（今新疆巴里坤）率军击毙北匈奴呼衍王。151年，汉将司马达率汉军出击蒲类海（今新疆巴里坤湖），击败北匈奴新的呼衍王。呼衍王率北匈奴又向西撤退，拉开了第二次西逃的序幕。

北匈奴西迁的第二站：锡尔河流域

锡尔河是中亚的内陆河，流经今天的乌兹别克斯坦、哈萨克斯坦等国，注入咸海。在汉时，这里是康居国。北匈奴在西域遭到汉朝的反击，已无法立足，大约在160年，北匈奴的一部分又开始了西迁，来到了锡尔河流域的康居国。至于北匈奴人在康居的活动，因为缺乏史料记载，就不得而知了。

北匈奴西迁的第三站：顿河以东、里海以北

大约在290年，北匈奴出现在顿河以东的阿兰国，这段历史在我国《北史·西域传》和罗马帝国的历史文献中均有记载。北匈奴杀死了阿兰国国王，彻底征服了阿兰国。

北匈奴西迁的第四站：顿河以西、多瑙河以东

凭借着在阿兰国的休整和补给，北匈奴彻底恢复了元气，他们对顿河以西的草原垂涎不已。374 年，匈奴在大单于巴兰姆伯尔的率领下，渡过了顿河，向东哥特人发动了进攻。东哥特人惨败，匈奴占据了南俄罗斯大草原，暂时稳定了下来。

随着疆域的不断扩大，以匈牙利平原为统治中心的匈奴帝国已基本建立起来，王廷稳定在今天匈牙利的布达佩斯附近。这个军事帝国成为东、西两个罗马帝国最严重的威胁。由于匈奴的强大武力威胁，东罗马帝国被迫在边境向匈奴帝国开放互市，来确保边境的安宁，匈奴人的荣耀终于在西方找了回来。

445 年，阿提拉即位，成为匈奴帝国的大单于。阿提拉是一个野心勃勃的家伙，在他的率领下，匈奴帝国的鼎盛时期到来了，整个欧洲都沉浸在对匈奴的恐惧之中。450 年，阿提拉大单于完成了对东、北、南方的征服，之后对西罗马的高卢（今法国）发动进攻。高卢的城市就如同草原上的猎物一样，被匈奴人一个接一个地摧毁，最终重镇奥尔良也被匈奴军主力围攻。452 年，匈奴帝国再次发动了对西罗马的战争，被称作“上帝之鞭”的阿提拉率领匈奴军队翻过了阿尔卑斯山，攻入了意大利。意大利北部地区遭到了匈奴人疯狂的攻击，北部所有的城市都被匈奴人摧毁。

图 3　阿提拉

然而，阿提拉死后，他的儿子们为争夺大单于之位，打起了内战，匈奴帝国在瞬间就崩溃了。454 年，东哥特、吉皮底人组成联军，在匈牙利打败了匈奴，从此，匈奴人被迫又退回了南俄罗斯草原。461 年，阿提拉的一个儿子妄图重建匈奴帝国，对多瑙河流域的东哥特人发动了战争，遭到失败。468 年，他又发动了对东罗马帝国的战争，结果自己战死沙场。从此，匈奴人逐渐沉寂了下去，直至被历史彻底遗忘。

匈奴的后代

在国内，史学界有部分学者认为：匈奴、鲜卑、柔然、突厥到蒙古都是一脉相承的。《北狄与匈奴》一书就认为，从匈奴、鲜卑、丁零、铁勒、高车、柔然、突厥到蒙古，世代相接，世系相衔，是为一脉相连也。2006 年，法国遗传学家凯泽特拉基用 2300 年前的古匈奴贵族尸体与现在蒙古地区的蒙

古人群体进行的 Y 染色体、线粒体、常染色体脱氧核糖核酸分析结果表明，古匈奴和当代蒙古人为延续世系。

但是，也有一部分学者认为：划分种族的标志是体质结构上的某些共同的遗传性状，一般以肤色、眼睛的色素和形态结构、发色，以及颅形、面形、鼻形、唇和血型及其他遗传学特征为依据，着重对其自然生物属性的考察。然而，在人种形成过程中，地理环境起着重要作用，人种的地理分布相对固定，民族的形成也同样受到这些因素的影响。所以说匈奴人属于蒙古人种，并不是说匈奴人是蒙古人的祖先，蒙古人就是匈奴人的后裔。要证明这一点还需要做很多工作，比如语言学、考古学文化特征、生产方式和生活习俗、丧葬习俗的比较等。

在国外，匈牙利总理欧尔班・维克多曾说："匈牙利民族来自东方，毫无疑问我们的祖先来自亚洲。欧洲人认为我们是匈奴的后代，虽然还没有确凿的史料证据，但我们相信这是真的。比如我们的家庭观念也非常浓重，我们姓氏也是姓在前名在后。"现代匈牙利人与欧洲其他地方人的长相有明显区别，匈牙利民歌有很多与中国陕北、内蒙古的民歌曲调相似，匈牙利人吹唢呐和剪纸的情形与陕北非常相似，说话的尾音也接近陕北口音。匈牙利著名诗人裴多菲在一首诗中曾这样写道："我们那遥远的祖先，你们是怎么从亚洲走过漫长的道路，来到多瑙河畔建立起国家?"如今，阿提拉仍是匈牙利人常用的男子名字之一。那么，究竟匈奴族的血统是否一直延续至今，当今的匈牙利是否为匈奴的后裔，这些问题还没有考证出来，只能留待后来学者解决了。

史论纵横

汉匈关系的演变

西汉与匈奴的关系紧张多变，时和时战。期间，汉对匈奴的政策有过较大调整。汉武帝以前，基本上以和亲为主。公元前 200 年，刘邦亲率大军进击匈奴，却被匈奴包围于平城白登山达 7 日之久，后来陈平用计厚贿匈奴阏氏，刘邦才得以脱险。据《史记》记载，当时汉军 32 万，多步兵；匈奴精骑 40 万。因此，有学者认为，和亲是因为当时汉朝缺乏有效的抗击匈奴的战略战术，在双方力量对比汉弱而匈奴强的形势下被迫实行的一种妥协政策。

从客观上来讲，和亲对双方都是有利的：对汉朝来说，在经济凋敝、政局不稳的情况下，可以缓和匈奴南下的侵扰，保证边境地区的安宁，从而发展经济。对匈奴来说，可以获取一部分财物，有利于其发展壮大。这一政策，历惠帝、吕后、文帝、景帝，一直到武帝初年。

但是，这一政策毕竟是双方力量不平衡的产物，不可能从根本上消除匈奴的威胁。匈奴常常背叛约定，不断侵扰汉朝，大举入侵时而发生，小规模掠夺常常不断，边境人民深受其苦。例如，公元前 166 年，匈奴发兵 14 万骑，杀死汉朝北地都尉，掳掠大量人口畜产，甚至直接威胁长安。因此，当时有大臣对和亲政策提出质疑和批评，比如贾谊就曾上书汉文帝，坚决反对与匈奴和亲。晁错也建议募民迁徙边塞，增加防御能力。虽然如此，一直到汉武帝继位，汉朝仍是继续推行和亲政策。

随着双方力量的此消彼长，汉武帝开始逐步实施军事打击政策。自公元前 133 年到公元前 90 年，汉匈之间进行了 13 次战略大决战。由此，汉朝取得了决定性胜利，匈奴则一蹶不振。武帝之所以变消极的和亲政策为积极的征伐政策，是建立在此时汉朝中央政权加强、内部政局稳定、社会经济繁荣基础之上的。文景之时，农业生产水平有了较大的提高，社会经济得到发展，出现了欣欣向荣的景象。到汉武帝时，社会经济有了长足进步。在此基础上，汉武帝大力发展养马业，进行反击匈奴的军事准备，很快就建立了一支强大的骑兵队伍。在战略上，汉武帝逐渐推进，挖掘军事人才，积极调整策略，从“图制匈奴”到“威震匈奴”，使匈奴对汉臣服，逐步解决了匈奴之患。

可以说，汉武帝征伐匈奴，虽然代价沉重，但是维护了多民族国家的统一，保护了边境地区人民的生命财产安全。

史说新语

匈奴族对世界的影响

历史上的匈奴民族，曾经是如此的辉煌，足迹跨越欧亚大陆，纵横驰骋在广袤无边的大草原上。虽然在今天的 56 个民族当中，我们已经看不到匈奴族的影子，但是匈奴族的发展历史为整个秦汉时期统一多民族国家的发展，乃至整个中华民族的发展，都留下了浓墨重彩的一笔。匈奴族并没有离我们远去，她早已在各民族的交流、交往、交融中，融入到了我们的血液里。漫长的岁月掩盖了匈奴族的本来面目，留下的只是无尽的猜想。无论世事如何变幻，今天，在中华民族这个大家庭中，匈奴族与汉族早已血脉相连。

匈奴族在世界上也有深远的影响。今天说阿尔泰语和乌拉尔语的人们，被称为“图兰”，他们都是匈奴的后裔，包括今天的蒙古人、满洲人、突厥人、日本人、匈牙利人等。东京国立博物馆里关于日本人的起源，就讲明了自己的祖先就是匈奴。蒙古国北部额金河曾发现2000年前的匈奴古墓，根据对古墓中219具尸体的DNA检测，发现匈奴的基因成分与现代蒙古人和日本人的基因高度匹配，以蒙古人种为主，另有11%的欧洲成分。

2014年，世界匈奴人后裔大会召开。这些匈奴后裔对祖先的认同，是真正超越文化、超越种族的。比如，萨满祭祀文化今大仍然存在于蒙古国与土耳其。又如，祭火神，是阿尔泰民族的古老传统，至今仍在蒙古、土耳其和日本等国家传承。

【参考文献】

1. 余从荣《汉匈和战与汉朝经济、政治之关系》，《五邑大学学报》2002年第4期。

2. 高荣《论武帝以前的汉匈关系》，《西北第二民族学院学报》2007年第4期。

3.《匈奴人究竟去了哪里：向西逃跑引发西罗马灭亡》，《大河报》2015年10月20日。

十六　脸谱与形象

——三国时期的英雄人物

“蓝脸的窦尔敦盗御马，红脸的关公战长沙，

黄脸的典韦，白脸的曹操，黑脸的张飞叫喳喳

……

图1　曹操脸谱

一幅幅鲜明的鸳鸯瓦，

一群群生动的活菩萨，

一笔笔勾描，一点点夸大，

一张张脸谱美佳佳。”

这首著名的京戏歌《说唱脸谱》家喻户晓，歌中提到的“脸谱”是怎么一回事呢？三国时期，各路诸侯你方唱罢我登场，三国人物也成为京剧舞台上一道亮丽的风景。那么，你是否能从京剧脸谱中辨别出三国人物呢？

史实寻踪

京剧脸谱中的“众生相”

“红绿青蓝紫，钩涂染五官，分成三六九，一眼辨忠奸。”这首诗很好地阐释了京剧脸谱的寄义。京剧脸谱可以说是一个面具，一种艺术，一种文化，一种瑰宝。京剧脸谱来源于生活，是对生活的概括，也是对生活的反映。因此我们平时所说的“晒得漆黑、吓得煞白、臊得通红、病得焦黄”等也是确定脸谱色彩的基础，用以表现剧中人物的心理状态，只不过京剧脸谱会对其特征进行适当的夸张、放大，使其更具有舞台表现力。

京剧脸谱中常见的谱式有整脸、三块瓦脸、十字门脸、六分脸等，而这些谱式大多数遵循了人们的视觉习惯，十分形象。

整脸是指演员脸部以一种颜色为主色，再勾画出眉、眼、鼻、口和细致的面部肌肉纹理，十分简单明了，如关羽脸谱。三块瓦脸是指在整脸的基础上，用黑色把眉、眼、鼻等在颜色上突出出来，使前额、左右面颊呈现出三块明显主色，平整如同三块瓦，如典韦脸谱。十字门脸由三块瓦脸发展而来，主要特点是从月亮门到鼻头以下的通天纹与眼

图2 不同的脸谱样式

窝构成的“十字”，如张飞脸谱。六分脸的主要特点是夸大眉型，通常为白眉，大约占整脸的十分之四，而主色条占十分之六，因此称其为六分脸，如黄盖脸谱。

除此之外，脸谱色彩丰富，主要有红、黑、白、紫、黄、金、银、绿、蓝等，各种颜色的寄义也各不相同，塑造的人物性格也便不同。例如，红色代表忠义、侠义、勇敢、有血性，黑色代表直爽刚毅、勇猛而智慧，紫色代表刚正威武、不媚权贵、冷静稳重，白色代表诡诈多疑、凶恶、跋扈、刚愎自用，蓝色代表刚强、阴险、凶猛、粗鲁，黄色代表骁勇凶暴。

看脸谱辨人物

“滚滚长江东逝水，浪花淘尽英雄”，这句话是罗贯中所著《三国演义》的开篇词。三国时期，英雄辈出，尽管随着时间的流逝，他们离我们越来越远，但是他们的故事却为后人传颂，他们的形象也鲜明地活跃在各种舞台上。京剧中的脸谱，刻画了这些英雄的面目。

关羽

关羽的脸谱以代表忠义、侠义、勇敢、有血性的红色作为底色，不勾鼻窝，勾蚕眉凤眼、水紫额纹，点七星痣，神色肃穆，充分体现了关羽的性格特点。

图3 关 羽

关公，名羽，字云长，河东解良人（今山西运城），三国时期蜀国大将，被封为寿亭侯。早年他与刘备、张飞三人桃园结义，追随刘备辗转各地。刘备建蜀，拜为前将军，守荆州。当时，他围攻樊城，水淹七军，屡败曹兵，声势威震南北。后来由于刚愎自用，关羽大意失荆州，被吴军袭杀。260年，后主刘禅追封功臣，追谥关羽为“壮缪侯”。此后，从魏至唐数百年中，关羽名声不显，默默无闻。从北宋

图4 明代商喜《关羽擒将图》

开始，关羽成为忠烈的化身，被宋徽宗封为“义勇武安王”，被元文宗封为“显灵威勇武安英济王”，被明神宗封为“三界伏魔大帝神威远镇天尊关圣帝君”，被清光绪帝封为“忠义神武灵佑仁勇显威护国保民精诚绥靖翊赞宣德关圣大帝”，被尊崇为“武圣”，与“文圣”孔子齐名。再经过《三国演义》作者罗贯中的夸张渲染，遂成了中国民间最受崇敬的神祇。而在戏曲中，他更成了神圣不可侵犯的人物。关羽的戏曲形象为手拿青龙偃月刀，胯下千里赤兔马，神勇无敌，民间多称之为“关老爷”，说明了对他的深切崇敬。

图5 戏曲中的关羽形象

关羽的形象鲜明体现在传统京剧《战长沙》（又名《义释黄忠》）中，说的是关羽奉命攻打长沙，长沙守将韩玄遣老将黄忠出战，激战中黄忠马失前蹄，关羽不肯乘人之危加以伤害，停刀容其换马。这充分体现了关羽的忠义形象。

张飞

张飞的脸谱，是所有脸谱中最具美感和富有动律的谱式之一，在威武鲁莽之中流露出妩媚和诙谐的神态。这一形象，非常符合张飞那粗中有细的性格和一腔赤子之心。张飞脸谱最初是满脸一色勾绘的黑脸，由于象征图纹的增加，逐渐形成他自己独立的眼窝和从脑顶到鼻头的黑色通天纹，后来又逐渐变为环眼、环眉和两腮添加了粉红的脸膛。

图6 张 飞

张飞，字益德（《三国演义》写作“翼德”），幽州涿郡（今河北保定涿州市）人，三国时期蜀国大将，一直追随刘备，屡有战功。刘备建蜀，拜为右将军，领司隶校尉，被封为西乡侯。260年，后主刘禅追封功臣，追谥张飞为桓侯。史书记载，张飞不体恤士卒，刘备常常告诫他："你经常鞭打健儿，但之后还让他们在你左右侍奉，这是取祸之道。"果然，在攻打吴国之前，张飞被其麾下将领张达、范强谋杀，并将张飞的首级去投奔孙权，刘备听闻，不由叹道："噫！飞死矣。"

在中国传统文化中，张飞以其勇猛、鲁莽、嫉恶如仇而著称，虽然此形象主要来源于小说和戏剧等民间艺术，但已深入人心。唐德宗追封古代名将六十四人，设庙享奠，当中就有张飞。北宋为古代七十二名将设庙，其中也包括张飞。《三国演义》更是将他演绎为肤色黝黑、武力过人、嗓门大的壮汉，他重情重义、疾恶如仇，是蜀汉大臣中少有的个性鲜明的武将。民间流传着与张飞有关的歇后语，如张飞吃豆芽——小菜一碟，张飞穿针——大眼瞪小眼，张飞吃秤砣——铁了心了，张飞绣花——粗中有细，张飞讨债——气势汹汹，张飞耍扛子——轻而易举，张飞上阵——横冲直撞，张飞扔鸡毛——有劲难使，张飞骑老虎——人强马壮等，从另一个侧面反映了张飞的性格特征。

曹操

曹操在文学艺术里，是一个无人可夺其位的"奸雄"。像曹操这样的人，用什么色彩勾画他的脸谱呢？似乎无论用什么色彩、什么图案，加在他的脸上都太浅近、太单薄，不能显其灵魂特征。于是人们用水白脸表现他善用心机、性好猜疑的性格特点，同时也表现他位高爵显、养尊处优的骄纵气度。他表面上笑容满脸，实际是笑里藏刀，一层白粉遮掩了他的真实面目。同时，以剑形眉窝、细长三角眼窝及下面两道鱼尾纹、脑门纹、印堂斜蝠纹、嘴角两道法令纹、眉间鼻旁四个黑斑黑痣形、鼻须，来展示他的形象。

图7　戏曲中的曹操形象

曹操，字孟德，沛国谯县（今安徽亳州）人，东汉末年杰出的政治家，三国时期曹魏政权的奠基人，其子曹丕称帝后，追尊他为武皇帝。189年，曹操在陈留首倡义兵，号召天下英雄讨伐董卓。195年，曹操整军再战吕布，大败之。196年，曹操迎汉献帝至许昌，他成为实际上的掌权者。此后，经过讨伐张绣、东征袁术、击溃袁绍，曹操统一了北方地区。

图8 曹 操

曹操强调“唯才是举”，不以世族门第观念用人，积极招致各方精英为之出谋划策。从210年到217年，他先后下发三次“求贤令”，选拔和任用一些有才能的人。他还抑制豪强，兴修水利，发展生产，使所统治的地区社会经济得到恢复和发展。东汉许劭以知人著称，他评价曹操是“清平之奸贼，乱世之英雄”，《三国志》也称曹操为“治世之能臣，乱世之英雄”。

曹操不仅是一位政治家，还是一位文学家。他的诗歌今存20多篇，全部是乐府诗体，如表现社会现实的《薤露行》《蒿里行》《苦寒行》《步出夏门行》等，表达理想和壮志的《度关山》《对酒》《短歌行》等。他对推动建安文学的出现与繁荣，起着重要的作用。历史上，他与儿子曹丕、曹植都是“建安文学”的代表人物，“建安七子”与他也有着密切的关系。

在人们的印象中，曹操是个“奸臣”，这多半是受小说《三国演义》的影响。“拥刘反曹”的整体架构使得这部书把曹操定位于“挟天子以令诸侯”的奸臣地位。之后，以《三国演义》为蓝本的戏曲、评书、小说等更是将曹操这种恶劣形象不断强化，于是曹操从一个“超世之杰”变成了一个大“奸臣”。

曹操的形象突出地体现在传统京剧《捉放曹》中。这出戏根据《三国演义》中的一个故事改编，说的是曹操因行刺董卓未成，逃至中牟县被捉，县令陈宫佩服曹操之胆识，于是弃官与操同逃。二人路遇吕伯奢，吕热情留他们住宿，亲自外出买酒，并嘱咐家人杀猪款待。曹操听见磨刀声，怀疑是要杀自己，便杀了吕伯奢的家人。发现错杀后，他与陈宫仓皇出走，又遇上吕伯奢买酒归来，为绝后患，曹操又把他杀了。二人投店后，陈宫责问曹操，曹操说：“宁教我负天下人，不教天下人负我。”陈宫见曹操心毒手狠、枉杀无辜，知道自己看错了人，十分懊悔，便想趁曹操酣睡之时刺杀曹操，但最后还是放弃，独自离去。

史论纵横

历史上真实的曹操与张飞

无论京剧还是小说，都是一种艺术，来源于现实，但又不同于现实，有时甚至与史实相去甚远，比如曹操并非完全是白脸奸臣，张飞也并非黑脸莽汉。

在《三国演义》中，作者罗贯中将曹操刻画成一个奸诈残暴的奸雄，其中有很多曹操屠杀贤人、不听贤臣进谏的描写，如杀害华佗、逼死荀彧、借罪杀杨修等，尤其是他杀吕伯奢一家八口时还讲了句“宁教我负天下人，休教天下人负我”的千古名言。其实，历史上曹操并没杀吕伯奢。据《魏书》记载，曹操投靠吕伯奢后，吕的家人来打劫曹操，出于自卫曹操才把他们杀了。这也就说明曹操的反面形象是罗贯中塑造出来的。

《三国志》里的曹操性格非常复杂，陈寿认为曹操在三国历史上“明略最优”，做事“揽申、商之法术，该韩、白之奇策，官方授材，各因其器，矫情任算，不念旧恶”。只要稍作分析，便可发现，如果曹操真如罗贯中笔下那么“残暴”，怎能统治中国北方这么多年呢？所以，曹操应是有眼光，有见地，善于识人用人，同时又带有一点奸诈多疑的人。

再说张飞，从外貌形态上看，《三国演义》里的张飞“身长八尺，豹头环眼，燕颔虎须，声若巨雷，势如奔马”，俨然一副有勇无谋、嚣张强猛、疾恶如仇、打抱不平、性情豪爽的形象。那么，事实是否如此呢？

2004 年，文物部门在四川简阳张飞营山上发现的一个石人头像，使一些专家学者对三国名将张飞的外貌产生了新的看法。该石像大约高 4 米、宽 3 米，当地人传说这是唐代工匠为纪念张飞而专门雕塑的。石像慈眉善目，耳长唇厚，脸上竟没有一根胡须，与《三国演义》和人们心目中的那个张飞形象大相径庭。四川省文物考古研究所曾专门为头像做过测量和鉴定，发现石像的确建于唐代。该石像的发现，使人们对张飞的真实面容不得不重新加以考证。

于是，一些学者经过考证，认为历史上的张飞不仅英俊潇洒，还是兼工书画的一位儒将。据《三国志·张飞传》记载，在八濛之战中，张飞大败曹魏名将张郃后，在石壁上写下两行隶书：“汉将军飞，率精卒万人，大破贼首张郃于八濛，立马勒铭。”这就是后世传诵的“八濛摩崖”，又称“张飞立马铭”。明代陈继儒的《太平清话》也记载了这段铭文。这说明“猛张飞”不是“莽张飞”。当然，历史上的张飞究竟怎样，还有待于历史考证。

史说新语

告别忠奸模式

蓝脸的窦尔敦、红脸的关公、黄脸的典韦、白脸的曹操、黑脸的张飞，这是中国传统戏剧文化中的人物形象。戏剧通过脸谱表达出中国儒家文化对人物的价值评判特点，简单地说便是：忠奸善恶，泾渭分明。作为符号象征系统，脸谱与传统的历史故事结合在一起，正好和区分忠奸善恶的道德观念互为表里。然而，人物脸谱与形象并不能划等号。正如易中天所指出的那样：“传统上品评人物的一个误区，就是一说到某个人物，这个人是君子，那个人是小人，完全把人物‘脸谱化’，其实每个历史人物都很复杂，尤其是大人物。”一语道出了人们在理解历史人物中存在的“脸谱化”倾向。

事实上，就三国时期的人物而言，因为《三国演义》和相关戏剧的广泛流传，三国时期的人物形象已与史实相去甚远。《三国志》中，“曹操御军三十余年，手不释卷，登高必赋，长于诗文、草书、围棋，生活节俭，不好华服，与人议论，谈笑风生”的形象，与戏剧和文学中“白脸奸臣”的形象截然不同。三国名将张飞因写得一手好字，成为武将书法家的代表，这与戏剧和文学中满腮虬髯、“叫喳喳”的黑脸大汉形象，更是相去甚远。

脸谱化的人物形象，掩盖了历史人物的多面性，也掩盖了历史的复杂性。目前，学术界对于人物的评价已经放弃了“忠奸模式”（意思是非忠即奸、非善即恶），并且开始重视历史人物乃至历史事件的多面性。因此，我们在评价历史人物时，必须对历史和文学中的人物充分理解后才能得出结论。

【参考文献】

1. 杨凯《脸谱与脸谱化》，《人民日报（海外版）》2007 年 6 月 26 日。

2. 《还原史上真实张飞：能文能武的美男子?》，《辽沈晚报》2010 年 1 月 26 日。

十七　豪门名士多？

——魏晋选人取士之道

东汉末年，刘备三顾茅庐，请诸葛亮出山相助，成为选贤任能的美谈。刘备为何能得知身在乡里的诸葛亮具有大才能呢？这与当时的选人制度有关。

中国古代的选官取士之道主要有三种：两汉的察举制、魏晋的九品中正制和隋唐直至明清的科举制。两汉时候的察举，依据的是乡里评议。诸葛亮在乡里名士间才名远播，自然有机会为刘备所知。魏晋之后，选人不再通过察举，而是通过品级评定和科举，自然也就没有了“三顾茅庐”这种美谈了。通过诸葛亮的故事，我们可以看出，汉朝时候荐人之权在清议名士手中，平民子弟也能成为人中龙凤。而到了魏晋时期，九品中正制大行其道，选拔出的人才多出自豪门大族，出现了“豪门名士多”的现象。

九品中正制如何兴起？“唯才是举”又是如何变成“公门有公，卿门有卿”的呢？我们应该如何看待魏晋时期的选人取士之道呢？

史实寻踪

九品中正制之始

两汉时期，察举制按照封建社会的伦理标准，通过荐举的形式选拔人才，也就是由地方官向中央推荐经过乡里清议的、有良好口碑的人才。这要求推荐者有公心，要“内举不避亲，外举不避仇”。汉代前期，社会风气相对较好，察举制推行得比较顺利。到了东汉后期，因宦官专权，社会风气大变，权门请托，贿赂公行，察举制便遭到全面破坏，人才选拔已名不副实。当时的谚语对这种现象评价道：“举秀才，不知书。察孝廉，父别居。寒素清白浊如泥，高第良将怯如鸡。”不仅如此，这些清议名士甚至干预政府用人，互相交结，随意发表对政府和当权人物的议论，形成了一股浮华之风。

东汉末年，曹操控制中央政权之后，有意压制豪族名门的浮华风气，为将人才选拔的权力从清议名士手里夺回来，也为了纠正察举的弊端、选拔出更合适的人才，曹操发布了“唯才是举”的诏令，制定“九品官人法”，设立中正官，盛行于魏晋的九品中正制就这样诞生了。

九品，是指把人才划分为九个等级，由高到低分别是：上上、上中、上下，中上、中中、中下，下上、下中、下下。中正是官名，负责给人才划分等级。中正的意思就是“执中公正”，也就是不偏不倚，公正无私。在曹操时期，这一官名还不叫“中正”，而是叫“官人”。曹丕任魏王之后，称为“中正”。郡里的中正由各郡长官推选，都由官员兼任。这一官员的任命，把评议权收归政府统管，达到了曹操的目的。

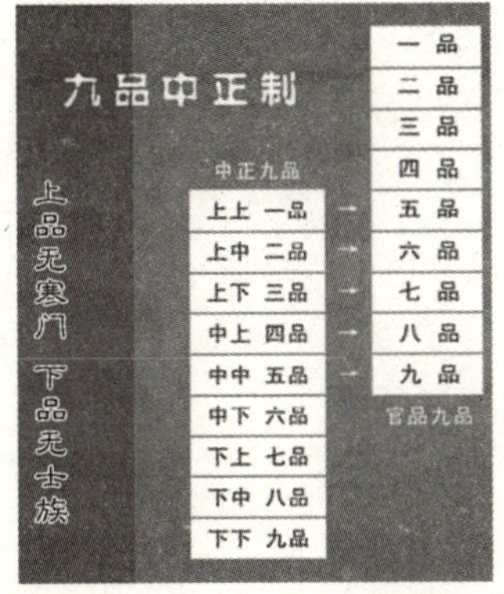

图1　九品中正制示意图

但是，因为名士在乡里有较高的声望，完全废除乡里评议是不可能的。曹氏政权设立的中正官，也需要听取名士的说法，不过，他们可以根据各方面的情况，评定人物等级，以备政府采纳。这一做法等于承认了地方名士清议的合法化，从而又为名士发展势力创造了条件。另外，关于中正官还有一种说法：黄巾起义之后，人士流移，政府无法考察乡里的人才，只能专门设立一个官员进行考察。

中正划分人物的等级，必须提供三个项目：家世、状、品。“家世”就是出身，“状”就是中正官所写的对人才的评语，“品”就是中正官对人才给出的品级。这三个项目表明魏时在人才的选拔上已重视家世，但还不是唯一标准。九品中正制施行之初，更重才学。正如《宋书》里所说，曹魏建立九品中正制，“盖以论人才优劣，非谓世族高卑”。

曹丕建立魏国后，便将这一制度推向全国，并将人才选拔标准固定为三点，即状、品和簿伐。这里的“簿伐”就是被选人才的家庭门第。应该说，曹丕只不过是把曹操时的政策进一步制度化而已，但这一方法到了和平时期，就显现出弊病来了：它给舞弊者留下了空间。

“上品无寒门，下品无士族”
——九品中正制的变异

到了曹丕之后，九品中正制的三个标准中，门第已经成为最重要的因素。因为“九品论人，唯问中正”，所以中正的权力特别大。在和平时期，地方很容易形成名门望族，他们有资本给中正提供很多好处，朝廷官员也会向中正提出选才要求。因此，魏晋时期选出来的人才，“据上品者，非公侯之子孙，则当涂之昆弟也”。也就是说，都是公侯和当权者的亲属，而“筚门蓬户之后”

是得不到好品级的，因此形成了“高门华阀，有世及之荣；庶姓寒人，无寸进之路”的局面。

《晋书》中记载了很多这种情况。豪门士族子弟往往在弱冠（指男子20岁，刚刚成人）之前，就凭借门第由中正定为高品，成年之后便由吏部直接从家里铨选入仕。比如，“旧时王谢堂前燕”这句诗所说的王、谢两大豪门中，王氏子孙王洽“弱冠，历散骑、中书郎”，谢氏子孙谢琰“弱冠以贞干称，美风姿……拜著作郎”。根据史书记载，西晋入仕的192人中，直接入仕者占56人，而东晋入仕的209人中，直接入仕者则达到118人。这里的直接入仕者，当然都是高门士族的子弟。由此也可以看出，门阀士族控制仕途发展的能量有多大。

比吏部铨选更为便捷也更有前途的方式是“公府辟召”，即被王公、将军直接任命为官。如《晋书》记载了一位名叫庾亮的人，“年十六，东海王越辟为掾”，但他没看上这个官职，因此“不就”，等到“元帝为镇东时，闻其名，辟西曹掾”。有位名叫殷浩的人，美名在外，有三位王公给他提供官职，他“皆不就”，最后去了征西将军府。

豪门子弟入公府，地位稍次的“名族”“乡豪”子弟，则在州里被聘用或被举为秀才。这些“乡豪”子弟指的是中级士族与吴蜀士族的子弟，普通百姓得到辟召的非常少。这种情况表明，郡辟佐吏和察孝廉这两个在东汉和魏初颇受重视的入仕道路，到晋时已经降为低级士族与寒庶人士的仕途了。这说明九品中正制已变为高门大族的工具，只重门第而轻德才。

事实上，门阀制度的确立，已使九品中正制成为一个政治上的装饰品。中正品第唯以血统为准，门第高即能获评高品，此时只需分别士庶高下即可，中正品第只不过是例行公事，从而形成了“上品无寒门，下品无世族”“公门有公，卿门有卿”局面。

当然，任何事情都有例外。比如，《晋书》中也记载了九品中正制选择优秀平民人才的事例。西晋时期“举寒素”和东晋南朝时期“二品才堪”的做法正是针对平民中的特殊人才而制定的。不过，这显然是特例，是个别现象，而无法改变“上品无寒门，下品无世族”的局面。

史论纵横

九品中正制的历史使命

任何一种制度的出现，都是对此前制度的纠正，但这种纠正往往又容易走向另一种极端。九品中正制相对于察举制来说，便是如此。

九品中正制是门阀士族形成的标志，是巩固门阀制度的重要支柱。九品中正制兴起的原因是为了提携新兴家族的人才，抑制渐趋没落的世家大族，打击他们的兴朋党和清议浮华之风。然而，旧有的大族被打压下去了，新兴的世族却越来越强势。随着新兴家族势力的越来越大，他们逐渐操控了中正的职位，九品中正制的弊端也就变得越来越明显，只重家世，不重才能，严重堵塞了选贤任能的道路。

不过，在当时社会，九品中正制选拔的人才多出自世族豪门，也有一定的社会现实原因。这是因为，在古代，贫家子弟受教育的机会是很少的。而魏晋时期，社会动荡不安，各级官学全面衰落，一般开馆授徒的私学也极少，唯一兴盛的就是士族的家学。因此，平民子弟缺乏学习的基本条件，而士族却通过家学培养出大量经世治国的人才。而九品中正制是一种文官选拔制度，重视被选拔者的文化知识水平，在这一点上，世家子弟无疑具有很大的优势。

如果把九品中正制放到整个中国古代人才选拔制度的大背景下去考察，就会发现，九品中正制是察举制向科举制发展中的一个阶段，是中国人才选拔从主观逐渐向客观的过渡，顺应了中国古代人才选拔制度发展的客观要求，在当时的历史进程中是曾起到过进步作用的。等到南北朝后期，各级官学尤其是开馆授徒的私学全面复兴，下层平民出身的知识士人大量出现时，它便理所当然地逐渐淡出，到了隋朝，终于被一种更加公开、客观、公平的人才选拔制度——科举制所取代，从而完成了它的历史使命”。

史说新语

“王与马，共天下”
——东晋门阀政治

“王与马，共天下”，说的是东晋时期琅琊王氏家族辅佐皇室司马氏登基、合力开创江东政局及东晋政治基础的历史现象。

图2　晋元帝司马睿

东晋开国皇帝晋元帝司马睿从东渡到登基，主要依赖了北方大族琅琊（今山东临沂）王氏兄弟王导、王敦的大力支持。在此期间，王导位高权重，联合南北士族，运筹帷幄，纵横捭阖，政令己出；王敦则总掌兵权，专任征伐，后来又坐镇荆州，控制建康（今江苏南京）。王氏兄弟虽权倾内外，但一直奉司马氏为帝，司马氏家族对王氏家族也非常看重。司马睿对王导十分尊敬，称王导为“仲父”。在东晋元帝、明帝、成帝三朝，王导的地位一直非常高。王导每次上朝，晋元帝都要起立相迎；成帝给王导的手诏中总是有“惶恐言”“顿首言”“敬白”之类的语言，他还亲自驾临王导的府邸，礼敬王导的妻子。

“王与马，共天下”，不是指裂土分封关系，而是指在权力分配和尊卑名分上与一般君臣不同的关系。这并不是时人夸张之词，而是一种确有实际内容的政治局面。

对此，史学家田余庆先生在《东晋门阀政治》一书中提出，“王与马，共天下”局面的出现，应当从门阀士族之间彼此牵制和南北民族矛盾这两方面求解释，而不能只从权臣个人忠奸求之。总的说来，东晋偏安江左是八王之乱和永嘉之乱的产物，而江左政权是依赖于士族建立的。晋元帝与琅琊王氏之间，尚有其历史的和地域的特殊原因，使之相互固结，因而形成王与马的特殊关系。要理解东晋的门阀政治，就要了解两晋之际的王、马关系。

图3 王 导

王氏家族所在的琅琊国，是司马睿的封国，二者建立了良好的关系。在司马睿、王导的组合中，王导起着主导作用。那时，司马睿还是一个“恭俭退让”“时人未之识”的一般宗室成员，而王导已经具有政治阅历和名望，可以把司马睿置于自己的影响之下。因此，司马睿在北方所经历的大事，几乎全部出自王导的主动筹谋。这也为“王与马，共天下”埋下了伏笔。

永嘉元年（307）九月，司马睿偕王导渡江至建邺。在这一过程中，王导起了重要的决策作用。过江以后，坐镇江东、稳定局势，主要也不是靠司马睿，而是靠王导。有王导在，有王导辅翼晋琅琊王司马睿的格局，江左政治就有了重心。这正是南渡后“王与马，共天下”的具体反映。可以说，过江以前已经具备了“共天下”的许多条件，过江以后始得有天下而相共。

永嘉南渡后，以王导、王敦为代表所构成的王氏家族势力是非常牢固的，这使“王与马，共天下”的局面在江左维持了20余年，直到庾氏家族兴起，抑制王氏并凌驾于王氏为止。由此，东晋“主弱臣强”，演变为门阀政治。琅琊王氏以后，又依次出现颍川庾氏、谯郡桓氏、陈郡谢氏等权臣，呈现出庾与马、桓与马、谢与马“共天下”的局面。由此可见，王与马的结合所开启的江东政局，奠定了东晋一朝政局的基础，影响是深远的。到东晋，终于出现了皇权的式微，门阀政治也就兴盛起来。这种现象是封建社会的一个早期形态，特征是地方割据。

【参考文献】

1. 胡克森《九品中正制度再评价》，《贵州社会科学》2005年第1期。

2. 田余庆《东晋门阀政治》，北京大学出版社2005年。

十八 佛教在北魏的新名片

——从北魏石窟看佛教在中国的本土化

图1 含笑露齿的菩萨造像

含笑，露齿，甚至还有两个酒窝，你能相信这是一尊菩萨雕像的面相吗？2016年元旦期间，一幅特别的摄影作品引起了广泛关注：这尊菩萨雕像头戴日月宝冠，双手合掌，温婉的笑容堆满丰润的面庞，除了罕见地露出6颗牙齿外，脸颊上竟还有一对深深的酒窝。这则消息被披露后，这尊超“萌”菩萨像被网友形容为“一笑，惊艳了全城”。

露齿菩萨像在世界佛教造像艺术领域内极为罕见。由于这尊雕像体量本身不小，距离地面又有一定高度，所以游客在一般情况下很难看到。这尊雕像来自哪里？她反映的是什么样的文化呢？

史实寻踪

佛教自两汉之际传入我国，最初仅为道教的附庸，南北朝时期逐步受到统治阶级的推崇，成为极具影响力的宗教。与此同时，佛教艺术也随之传播发展，作为佛教艺术载体的佛教石窟也伴随着佛教势力的发展而相继开凿。上面所说的菩萨雕像就来自开凿于这一时期的云冈石窟，是由云冈石窟研究院员工摄于云冈第8窟后室南壁明窗西侧壁的供养菩萨像。

云冈石窟位于山西大同，于北魏文成帝起开凿，一直延续至孝明帝，前后达60多年，是中国规模最大的古代石窟群之一，代表了我国早期佛教艺术的造像特色。云冈石窟与敦煌莫高窟、洛阳龙门石窟和天水麦积山石窟并称为中国四大石窟艺术宝库，其中联系最为密切的是云冈石窟和龙门石窟。龙门石窟开凿于北魏孝文帝迁都洛阳之际，是云冈石窟的延续和发展。同为北魏出品，云冈石窟与龙门石窟却有着较大的差异，甚至这两个石窟在开凿的不同时期也有着诸多的变化。这一变化清晰地显示了佛教造像这一外来艺术逐渐汉化的过程，也是我国由北到南各民族文化逐渐融合，最终形成理想造像样式的过程。那么，同为北魏时期开凿的云冈石窟和龙门石窟到底有何不同特点？它们的背后又代表了佛教在中国怎样的本土化传承呢？

云冈石窟创建于北魏王朝中期，是我国第一所由皇室经营的国家级大型石窟，而龙门石窟开凿于北魏孝文帝倡导汉化改革以及迁都洛阳的太和年间。它们虽为同一王朝所开凿，但是在造像、服饰与风格上又有着极大的不同。

图2　云冈石窟露天大佛

图3　龙门石窟宾阳中洞主佛

你能看出两尊佛教造像在样貌、服饰和风格上有何不同吗？

云冈石窟不同时期的石窟特点

以古印度佛教艺术风格为主，略显北方民族宏大的特点

云冈石窟开凿初期，佛像面相上的深目高鼻明显是受到了古印度佛教艺术的影响，但其容颜、身躯却具有当时北方民族的一些特点；佛像服饰沿袭了西方旧有的佛像服饰外观，又带有游牧民族服装的特点。比如第20窟的露天大佛，结枷趺坐，双手施禅定印，高鼻深目，双肩宽厚，身材魁梧，外穿袒右臂的袈裟，衣纹厚重浓密，反映出佛教造像初入汉地时保存了较多的印度、中亚风格。这种服饰在云冈石窟早期的造像中比较常见，但与当时中国传统的服饰却有着很大的不同，是云冈早期雕像的典型代表。

同时，这一时期的大佛不管是坐还是立，都顶天立地于窟内，显得异常雄浑、威严。这说明，当时所造的佛像在移植外来艺术的内容和形式的同时，继承了汉代以来深沉宏大的雕塑艺术，兼具了北方民族特色。

中西合璧风格

北魏孝文帝拓跋宏时期，云冈石窟的雕凿进入鼎盛阶段。从洞窟的模式来看，这一时期的石窟均为双窟或三窟一

图4　云冈石窟第9窟前室西壁

体。受汉文化影响，窟顶巧妙地借用了中国古代建筑的传统手法，用莲花和飞天装饰，营造满壁风动的效果。特别是第9、10窟，是典型的汉文化风格建筑，窟外模仿木结构建筑形式，两侧耸立高塔。这种殿堂与塔的组合造型，中西合壁，设计新颖，结构严谨，富含一种内在含蓄的中国传统文化风韵。

从造像风格上来看，汉民族样式开始。佛像的面相丰圆适中，与早期区别不大；服饰上出现了褒衣博带式（即穿宽服、系阔带，是我国古代儒者的装束）的服装造像，这是典型的中原士大夫的形象特征。如第6窟西壁、南壁西侧上层的四组立佛造像，雕刻手法新颖，褒衣博带的服饰显得潇洒、飘逸且富有生气；佛像面相丰瘦适宜、眉疏目朗，给人以慈和、自然的感觉。这种面相和衣饰风格应是在早期造像风格的基础上把古印度佛教的题材进一步汉化的表现。

图5　云冈石窟第6窟佛像

同时，这一时期的造像风格还兼具印度民族样式与中原汉民族样式。如第8窟门拱两侧的三头八臂的摩醯首罗天和五头六臂的鸠摩罗天，其形象来源于古印度神话传说中的两位天神，造像风格是典型的印度样式。另外，由于这一时期题材内容的丰富，既出现了许多佛本生、本行故事，也出现了许多现实情景的刻画。在这些故事的雕刻中，不管是人物、动物、植物形象还是亭、阁、殿堂等建筑，多是中西合璧，风格杂糅，既有传摹西方佛国的样式，又有中原汉民族现实生活的体现，各显其艺术魅力，并无冲突、别扭之感。

图6　云冈石窟第8窟摩醯首罗天和鸠摩罗天造像

图7　云冈石窟第6窟

龙门石窟秀骨清像、褒衣博带的特色

北魏孝文帝迁都洛阳前后，龙门石窟开凿。龙门石窟的北魏造像上承云冈石窟造像风格，下启隋唐石窟造像特征。龙门古称伊阙，因为伊水两岸香山和天龙山隔河相对，望之若阙，又因地处古都洛阳之南，故谓之龙门。太和十七年(493)，古阳洞在这里开凿，北魏皇室开始了龙门的第一个造像高潮，在造像上真正体现了中原汉人的面貌特征。

造像特点

其一，秀骨清像。如前面所示宾阳中洞的主佛，体态扁平修长，两肩窄削，鼻子宽厚圆润，嘴角微翘，表情温和，神采飘逸，是北魏后期风行全国的秀骨清像的典型代表。

其二，褒衣博带。在佛像服饰上，以褒衣博带式袈裟代替袒右肩式袈裟，虽然这早在云冈石窟第二期中就已出现，但到了龙门石窟开凿时才被普遍采用。

造像风格

其一，北魏石窟风格的中原汉化。

北魏迁都后，南北文化交流进一步加深，因此龙门石窟的造像风格逐渐以中原汉民族文化为主。魏晋南北朝时代，与士大夫人生态度相适应的品评之风盛行，时人执着追求清高脱俗、潇洒不群，在许多经典论作中都提倡“清”“秀”，于是人物画的“秀骨清像”也自然成了当时审美的追求，在造型上遵循了由丰腴到削瘦的演变规律。受到这种审美的影响，北魏石窟造像风格在这里开始了彻底的中国化，可以这么说，佛教石窟艺术的汉化进程早在云冈石窟第二期时便已开始，但真正走向成熟则是在龙门石窟时期实现的。

例如，龙门石窟的古阳洞艺术，就充分体现了中原文化，其造像以洛阳地区的汉族工匠、画家为主导创作产生，“秀骨清像”为他们所熟知，雕凿起来自然也得心应手。到了宾阳中洞主佛开凿时，“秀骨清像”这一审美取向得到了进一步的体现，北朝的浑厚质朴融入了南朝的纤丽秀雅，出现了一种秀丽、刚健的风格。

其二，承前启后。

龙门石窟的北魏造像，艺术风格从浑厚粗犷转向优雅端庄，具有了鲜明的汉民族特点。这为后来奉先寺造像完成理想的民族样式提供了范本，是形成中国式佛教石窟艺术过程中承前启后的重要一环。

史论纵横

北魏石窟不断汉化的原因

首先是佛教的汉化。

佛教作为世界三大宗教之一，产生

于古代印度，却兴盛在中国。自两汉之际经西域传入中原以后，佛教就经历了一个不断中国化的过程。在中国社会历史条件的影响和制约下，在同传统思想文化的相互交融中，佛教逐渐成为中国的民族宗教，形成了富有特色的中国佛教文化。

佛教传入中国之初，被视为神仙方术的一种，其教理行为与中国本土产生的黄老方术是相通的，因而得到了普通百姓的认可。到了魏晋南北朝时期，佛教不仅在民间流传甚广，而且通过依附玄理，在士大夫阶层中的影响也日渐扩大。北魏时期，佛教已完成其身份的转变，成为中国宗教。它积极依附、融合本土文化思潮，改变自身面貌，逐渐适应了中华文化的生态环境，变得简易化和世俗化。这反映在造像中，就是样式上完成了从巨大到精致、从崇高到儒雅的转变。

第二，游牧文化和中原文化的大融合（孝文帝改革）。

北朝是中国古代社会民族发展史上的重要阶段。这一时期，匈奴、鲜卑、羯、氐、羌等北方少数民族与汉民族走向一体化。因此，汉民族的发展过程，就是与其他民族的融合过程。从历史上各民族文化融合的广度和深度来看，十六国、北朝时期的融合过程对于汉民族的发展具有举足轻重的作用。

公元398年，北魏王朝从草原迁移到长城以南的平城（今大同市），并经过不断地扩张战争，先后攻灭夏、北燕、北凉等国，于公元439年统一了黄河流域。

从此，鲜卑人逐渐从以游牧为主转为以农耕为主，汉族人民的生活方式使得他们十分向往：汉人有着周全合适的仪式，长幼尊卑之间有着优雅得体的礼节，浩繁的方块文字可以表达人世间任何细微的情感。北魏通过学习和采纳汉族的典章制度和生活方式，促使鲜卑族贵族积极接受汉族文化，促进了鲜卑人对汉族文化的认同，争取到了汉族地主的支持，有力地推动了政权向汉族王朝统治模式的转化，进一步促进了鲜卑族和汉族的融合。

鲜卑族用武力征服了汉族及其他少数民族，自身却被汉族较高的文化所征服，并从中吸收了汉族文化的精华，促进了自身的发展，巩固了自己的统治。在这一过程中，汉民族也吸收了鲜卑族文化中的优秀部分，将其内化为自身的品质。这一时代潮流，极大地促进了游牧文化和中原文化的大融合，为北魏石窟造像样式的汉化提供了关键的社会条件。

由此，佛教石窟艺术在与中国传统文化交融的过程中，越来越表现出中国化的趋势，民族的、传统的艺术特色逐渐浓厚，外来的影响逐步被民族化、中国化所冲淡，甚至只剩下印度石窟艺术的形式。同时，石窟艺术也记录了鲜卑游牧民族文化与西方外来文化、中原汉民族文化之间碰撞、融合的过程，北魏佛教造像样式的汉化过程就是鲜卑族立足于深厚的汉文化土壤之上对佛教艺术的再创造。这也从另一个方面证明了中国文化具有多元性和包容性，它并不只是汉族文化的反映，而是多民族、多文化的凝结，其中也包括对外来文化的有针对性和选择性的吸收。

史说新语

“剪刀手”佛像

图 8　“剪刀手”佛像

2014 年五一期间，一条题目为“龙门石窟‘剪刀手佛像’走红，卖萌佛祖引膜拜”的微博被全国网友所关注，不仅引发了公众对于艺术大师“好有远见”的惊叹，也引起了大家对石窟佛像的关注。

据专家介绍，这尊佛像的特殊“剪刀手”手势，其实是一种极少见的佛教手印。这尊佛像的双手高举胸前，右手掌心向上，拇指、无名指和小指屈起，其他二指伸直，这是一种颇能传达强烈意志的手印。这尊佛像因拇指风化，而食指、中指间隙过大，颇似现在大家习惯摆出的剪刀手，故而被网友戏称为“剪刀手”佛。

【参考文献】

1. 许敏《云冈、龙门石窟造像汉化演变探析》，《长江大学学报（社会科学版）》2011 年第 4 期。

2. 王霞《“秀骨清像”、“褒衣博带”——论北魏石窟汉化造像样式的确立及成因》，《南京艺术学院学报（美术与设计）》2012 年第 6 期。

十九　未开刃的刀

——中医与手术

图1　扁　鹊

《史记》里有这样一个小故事。魏文王曾问名医扁鹊："你们家兄弟三人，都精于医术，谁是医术最好的呢？"扁鹊答道："大哥最好，二哥差些，我是三人中最差的一个。"魏王不解地说："请你介绍得详细些。"扁鹊解释说："大哥治病，是在病情发作之前，那时候病人自己还不觉得有病，大哥就下药铲除了病根。这使他的医术难以被人认可，所以没有名气，只是在我们家中被推崇备至。二哥治病，是在病初起之时，症状尚不十分明显，病人也没有觉得痛苦，二哥就能药到病除。这使乡里人都认为二哥只是治小病的水平很高。我治病，都是在病情十分严重之时，病人痛苦万分，病人家属心急如焚。此时，他们看到我在经脉上穿刺，用针放血，或在患处敷以毒药以毒攻毒，或动大手术直指病灶，使病人病情得到缓解或很快治愈，所以我名闻天下。"

扁鹊的话告诉我们，在中医看来，将病症"未有形而除之"才是医术的最高境界，而在病情严重时再动大手术，则是低水平的医者所为。中医的特点恰恰在于它推崇中药和调理，而不动手术。但这并不代表中医排斥手术，在中医历史上，拿手术刀也曾是中医的一项技能哦！下面我们来了解中医与手术的历史吧。

史实寻踪

古代中国的外科手术

一提起外科手术，许多人会以为，在中国，这是西医传入以后才有的事，而中医只是望闻问切、开方熬药。但打开浩瀚的中国医学发展史，便会发现，手术曾在中医里占有重要地位，并在一定历史时期处于世界前列。宋明以后，由于宋明理学的影响，大量外科医生由外治转向内治，使我国古代外科手术的技术没有能够流传下来，以至于手术变成"西医"的标志而重新进入中国。那么，外科手术在中国古代的发展情况究竟如何呢?

起源及发展

原始社会，生活条件艰苦，人类与野兽搏斗，与严寒酷暑抗争，创伤较多，就用草药、树叶包扎伤口，拔出体内异物，压迫伤口止血，这就是最原始的中医外科治疗方法。1994 年，山东大汶口文化遗址发掘出一具颅骨。根据山东史前考古学文化谱系和碳 14 年代数据分析，该墓年代属于大汶口文化时期，距今 5000 年以上。这具颅骨的右侧靠后部位有一个圆洞，圆洞周围有明显的刮削痕迹和骨组织修复的迹象，考古研究证明这个墓主做过开颅手术，而且手术是成功的，手术后病人至少又存活了两年时间!

图 2　大汶口出土的颅骨

远古时期，出现了用砭石切开痈肿排脓的方法。《山海经·东山经》中记载了这一最早的外科手术器械——砭针。“砭”的意思就是用尖利的石头刺破痈肿，以治疗疾病。

周朝时，外科成为独立的专科。《周礼》记载：“疡医，下工八人”，掌肿疡、溃疡、金疡、折疡之祝，药、劀杀之齐”。疡医，即外科医生，他们治疗的疾病范围广泛，既有疮疡、痈肿，还有跌打损伤。其中，“劀”是刮去脓血之意，相当现代的清疮术。

成书于春秋战国时期的《黄帝内经》下篇《灵枢·痈疽篇》中记载了最早的以截趾治疗血栓闭塞性脉管炎的外科手术疗法：“发于足指，名脱痈，其状赤黑，死不治；不赤黑，不死。不衰，急斩之，不则死矣。”而同一时期的《五十二病方》中也记载了治疗腹股沟斜疝的外科手术疗法，其方法虽然比较原始，但有效和成功的可能性还是存在的。

在这一阶段，粗浅的解剖知识、医疗经验的积累以及奠基性医学理论（以《黄帝内经》为代表）初步形成，文化领域出现“百家争鸣”，巫医与巫术逐渐退出历史舞台，以朴素唯物主义世界观为指导的中医外科开始蓬勃发展。经过长期的医疗实践，医学开始初步分科，出现了最早的外科医生——“疡医”。

东汉出现的外科鼻祖——华佗

到了汉代，外科手术取得一定的发展。华佗作为这一时期外科手术的代表人物，以其在麻醉术与外科手术方面的杰出贡献，被历代医家尊为“外科鼻祖”。《三国志·华佗传》记载：“若病结积在内，针药所不能及，当须刳割者，便饮其麻沸散，须臾便如醉死无所知，因破取。”又说：“病若在肠中，便断肠湔洗，缝腹膏摩，四五日差，不痛，人亦不自寤，一月之间，即平复矣。”可以看出，前者是在麻醉下进行腹腔肿物摘除术，后者则是在麻醉下进行肠部分切除吻合术。华佗在当时已能做这类手术，无怪乎得到历代的推崇。

另外，华佗发明了麻沸散，开创了世界麻醉药物的先例。因此，有专家指出，阿拉伯人使用麻药可能是由中国传去的，因为“中国名医华佗最精此术”。

图3 华 佗

关于华佗做外科手术的故事，以下两则流传最广：一是华佗为关羽刮骨疗毒。关羽胳膊被毒箭所伤，华佗为其医治，用“尖刀割开皮肉，直至于骨，刮去骨上箭毒，用药敷之，以线缝其口”，而关羽则“饮酒食肉，谈笑弈棋，全无痛苦之色”。二是曹操请华佗为他治疗多年的头痛。华佗认为要彻底治愈，需用麻沸散进行麻醉，再进行开颅手术，多疑的曹操却认为华佗是想趁机杀害他，便将华佗关押拷打致死。这两个故事都是《三国演义》中所记，是演义出来的，尤其是第一个故事，因为华佗死于建安十三年（208），而关羽中毒箭则是建安二十四年（219）的事。但是，关羽中箭刮毒确有其事。《三国志·关羽传》记载：“羽尝为流矢所中，贯其左臂，后创虽愈，每至阴雨，骨常疼痛，医曰：‘矢镞有毒，毒入于骨，当破臂作创，刮骨去毒，然后此患乃除耳。’羽便伸臂令医劈之。时羽适请诸将饮食相对，臂血流离，盈于盘器，而羽割炙饮酒，言笑自若。”由此可见，当时外科手术是比较常见的。

隋唐以后的中医外科

到了两晋南北朝时期，外科在五官手术及整形手术方面，取得了较大的发展。据《晋书》记载，晋景帝眼睛里面长了瘤，医生就给他割去了。景帝年幼的孩子眼睛也有问题，医生也给他割去了眼瘤，治好了他的眼睛。当时也有关于唇裂手术的记载，《晋书》里提及一个叫魏之的人，生下来就是兔唇，18岁时医生给他补好了。这一生动的史实说明这位以擅长修补唇裂（即兔缺、兔唇）而闻名遐迩的外科医学家手术技术高超。

到了隋唐时期，出现了不少有关外

科手术的案例。隋太医博士巢元方《诸病源候论》较真实地保留了隋代肠吻合术、大网膜血管结扎术、大网膜坏死切除术等手术的方法和步骤："夫金疮肠断者……肠两头见者，可速续之。先以针缕如法，连续断肠，便取鸡血涂其际，勿令气泄，即推内之"，并强调肠吻合术后"当作研米粥饮之。二十余日，稍作强糜食之，百日后乃可进饭耳"。从上述具体手术操作、术后护理等方面来看，当时已有了规范的连续缝合法、比较科学的护理和正确的饮食管理。而且，在唐代出土的文物中，已经发现有镊子、剪刀这样的常见外科手术器械。

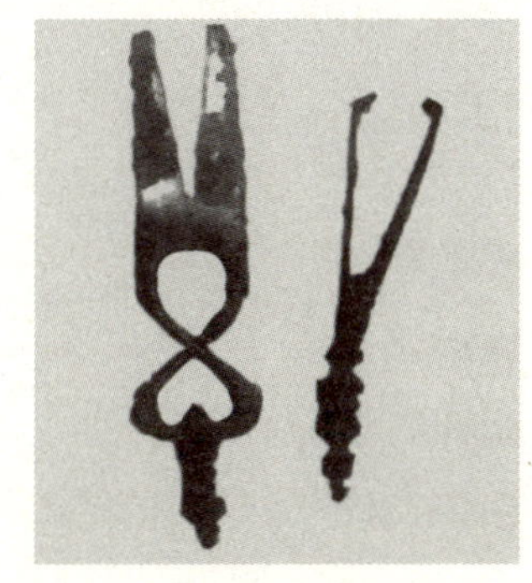

图4　隋唐时期的手术器械（仿制）

然而，总体来说，汉朝之后，外科手术的进步并不明显。到宋朝之后，中医的外科手术发展已趋于停滞。

史论纵横

华佗是印度人？

华佗字元化，沛国谯县人，是曹操的老乡，医术高超，会针灸，懂养生，《三国志》记载了许多关于他判断病症、治病救人的事迹。《三国志》的作者陈寿生活于三国时蜀汉及西晋时期，晚于华佗几十年，因此可以断定历史上确有华佗其人。但是，他未留下任何书稿，仅凭《三国志》的记载已无法辨别华佗医术的真伪，华佗身世也由此成为谜团，史学界和医学界对此一直争论不休。

首先掀起争论的是历史学家及语言学家陈寅恪先生。1930 年，陈寅恪撰写了《三国志曹冲华佗传与佛教故事》一文，认为曹冲称象、华佗治病等都有"印度"神话背景。文中指出，"华佗"二字是天竺语"agada"的音译，旧译为"阿伽陀"或"阿揭陀"（后省略阿字，如阿罗汉后称罗汉），华佗就是"药神"的意思。陈寅恪指出，华佗断肠破腹、口吐赤色虫等神奇医术，绝大多数是从印度神话故事中抄袭而来的，本土并无此事。华佗的事迹，实际源自西晋时来华的印度神医耆域的故事。另外，有人还指出，麻沸散的主要成分是产自印度的曼陀罗花，这似乎为陈寅恪的观点加上了佐证。由此，华佗的印度籍身份成为一个学术观点。

陈寅恪的文章发表后，得到学术界的广泛赞同。考古学家及梵语学家林梅村先生在《麻沸散与汉代方术之外来因素》一文中就支持陈先生的说法，他说，“agada”在梵语中的实际含义是解毒剂，多指丸药。麻沸散实为天竺胡药，“华佗其名或来自五天梵音，其医术有印度因素，则事在情理之中”。并称：“但只要认真观察华佗行医的社会环境，就不难发现陈说并非臆测。”

当然，也有学者提出不同意见。庞光华先生认为，华佗医术中含有古天竺（古印度）的因素可能是事实，但要说华佗这个名字为梵文“agada”的音译，恐怕不能服人。并且说，华佗的名和字本身是对应的，“佗”在当时应读作“施”。

到了1980年，关于华佗的身世又有了新的说法。日本弘前大学医学部麻醉科教研室的松木明知发表《麻醉科学史最近的知见———汉之名医华佗实为波斯人》一文，认为华佗是波斯文中一个词的谐音，其含义为主或神，所以华佗不是人名，而是“主君、阁下、先生”的意思，引申到华佗个人的职业应是“精于医术的先生”之意。

史书上记载的华佗医术有种种夸张之处，且华佗与同时代的名医张仲景不同，是没有医书存世、医术没有传承的，因此难免被人质疑。史载华佗“晓养性之术，时人以为年且百岁而貌有壮容”，约生于108年，卒于208年，活了100多岁。尽管观点不一，后人对于这位神医的高超医术仍津津乐道，称他为“神医”，以“华佗再世”来形容医术高超的人。

史说新语

宋朝之后外科手术为何发展停滞?

宋明理学的发展，是宋朝之后外科手术发展停滞的原因之一。这一历史阶段，以儒、释、道三教合流所造成的“理学”走向主导地位，人们开始受到“身体发肤，受之父母”观念的影响，手术、解剖等技术则被视为“不穷天理，不明人伦，不讲圣言，不通世故”的旁门左道，外科手术发展受到空前的制约。到了清末，政治腐败，闭关锁国，科学文化更加因循守旧，医学也趋于严重保守，视西方现代医学的麻醉、解剖等技术为“妖术”，中医外科手术进一步走入谷底。

中医的自我定位也是外科手术发展停滞的重要原因。外科手术与中医理念是格格不入的，在手术过程中割断经络系统对中医来说是无法想象的。在华佗之后，中医并没有在外科手术上取得太大成就，甚至不把外科算作中医的主要治疗方法，外科手术受到历代名医的排斥和贬低。南朝陶弘景在《本草经集注》中说："至于刳肠剖臆、刮骨续筋之法，乃别术所得，非神农家事。"陶弘景距离华佗时代仅200余年，却直指华佗之术不是中医正道，极力排斥。唐代孙思邈也持同样态度，说："我道纯正，不述刳腹易心之异。"外科手术被视为异端、非正统，表现出中医理论的故步自封。中医认为，人体不可以实行切割和断裂等手术，否则经脉俱废，元气、真气扩散，人不可复生。即便在外科手术已成为常见医疗手段的今天，仍有人认为手术会伤元气。

外科手术的方法并非中医学的主流治法，在儒家的"身体发肤，受之父母"的主张之下，外科手术在中医学中并没有大规模地发展起来。中医外科远在汉代，就曾经达到过相当高的水平，但随着时间的推移和中医学在理论和实践方法上的不断进步，大部分的疾病都可以通过针灸、药物等治疗方法达到治愈的效果，而这些痛苦大、损伤重、伤经断络的外科方法就渐渐被更加"文明"和"简便"的内治法取代了。因此，在这种条件下，中医学得到了长足的发展。

【参考文献】

1. 陈寅恪《三国志曹冲华佗传与佛教故事》，《清华大学学报（自然科学版）》1930年第1期。

2. 林梅村《麻沸散与汉代方术之外来因素》，上海远东出版社1997年。

二十　舌尖上的古代美食

——聚焦中国古代饮食文化

《舌尖上的中国》是中国中央电视台播出的美食类纪录片，主要内容为中国各地的美食生态。通过对中华美食多个侧面的呈现，弘扬中华饮食文化的精致和源远流长。2012 年 5 月首播后，引起了广泛的关注。

中国饮食文化绵延 170 多万年，从茹毛饮血到煎炒烹炸，从羹饮脍炙到八大菜系，形成了五光十色的筵宴风格和流光溢彩的风味流派，彰显了博大精深的中国文化。下面，让我们从一道道美食中感受这份荣耀吧。

史实寻踪

聚焦古代饮食

旧石器时代人与鸟兽为伍，吃的食物与鸟兽没有什么区别。《礼记·礼运》记载："昔者先王……未有火化，食草木之实、鸟兽之肉，饮其血，茹其毛。"当时人们不懂人工取火和熟食，饮食状况是茹毛饮血，严格意义上不属于饮食文化。到了燧人氏，"始钻木取火，炮生为熟，令人无腹疾"（《礼纬·含文嘉》），人类和动物的文化鸿沟从此开始。伏羲氏，结网罟以教佃渔，养牺牲以充庖厨。神农氏"耕而陶"，是中国农业的开创者。黄帝作灶，始为灶神，"始蒸谷为饭，烹谷为粥"（《古史考》），中华民族的饮食状况又有了改善。尧舜禹时期普遍采用蒸煮方式，出现了"素食""羹"（菜汤）和酒，开始追求食品带来的口腹享受。夏商周时期是"钟鸣鼎食"时代，食品原料大大增加，出现菜园和果园，饮食器具和烹饪技术有了长足进步。春秋战国时期，肉食品短缺，水产品备受青睐，范蠡的《养鱼经》是我国第一部关于养鱼的著作；另外，出现南北食系，注重饮食利益，讲究饮食卫生。进入封建社会，饮食越发丰富讲究，等级鲜明，让我们去领略不同等级的菜品。

宫廷菜

宫廷饮食的特点是选料严格，用料严谨，烹饪精细，花样繁多，最具代表的当属清朝的"满汉全席"。满汉全席原是官场中举办宴会时满人和汉人合坐

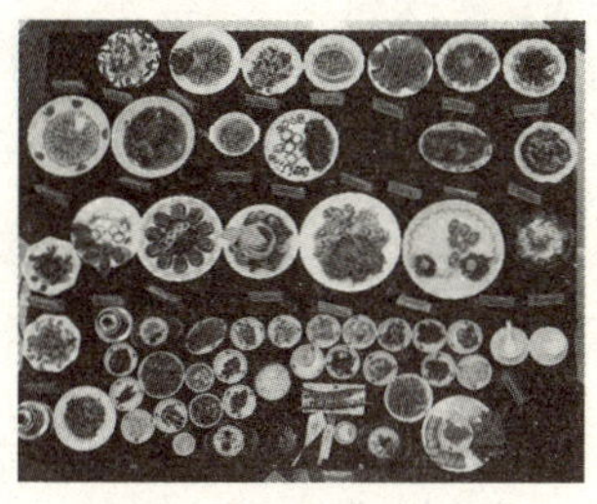

图1　满汉全席

的一种全席，以北京、山东、江浙菜为主，后来闽粤等地的菜肴也依次出现。上菜一般起码108种，分3天吃完。南菜54道：30道江浙菜，12道福建菜，12道广东菜。北菜54道：12道满族菜，12道北京菜，30道山东菜。满汉全席里面既有宫廷菜肴之特色，又有地方风味之精华；既突出满族菜点的特殊风味，又展示了汉族的烹调特色，是中华菜系文化的瑰宝。

“满汉全席”分为六种：蒙古亲潘宴（招待与皇室联姻的蒙古亲族）、廷臣宴（宴请重要大臣）、万寿宴（帝王的寿诞宴）、千叟宴（始于康熙，与宴者最多的盛大御宴）、九白宴（招待献贡的蒙古部落）、节令宴（庆祝年节时令）。席间专请名师奏古乐伴宴，沿典雅遗风，礼仪严谨庄重，承传统美德，侍膳奉敬校宫廷之周，令客人流连忘返。全席食毕，可领略中华烹饪之博精，饮食文化之渊源，尽享万物之灵之至尊。

贵族菜

贵族饮食，虽没有宫廷饮食的铺张和奢侈，但也是竞相斗富，多有讲究。贵族饮食以孔府菜和谭家菜最为著名。

孔府历代都设有专门的内厨和外厨，在长期的发展过程中，形成了饮食精美、注重营养、风味独特的饮食菜肴。这无疑是受孔子“食不厌精，脍不厌细”祖训的影响。孔府宴的另一个特点是无论菜名还是食器，都具有浓郁的文化气息。如，“玉带虾仁”表明了孔府地位的尊荣；在食器上，除了特意制作了一些富于艺术造型的食具外，还镌刻了与器形相应的古诗句，如在琵琶形碗上镌有“碧纱待月春调瑟，红袖添香夜读书”。所有这些，都传达了“天下第一府”饮食的文化品位。

图2　玉带虾仁

图3　一品豆腐

另一久负盛名、保存完整的贵族饮食，当属谭家菜。谭家祖籍广东，又久居北京，故其肴馔集南北烹饪之大成，既属广东系列，又有浓郁的北京风味，在清末民初的北京享有很高声誉。谭家菜的主要特点是选材用料范围广泛，制作技艺奇异巧妙，而尤以烹饪各种海味为著。谭家菜的主要制作要领是调味讲究原料的原汁原味，以甜提鲜，以咸引香；讲究下料狠，火候足，故菜肴烹时易于软烂，入口口感好，易于消化；选料加工比较精细，烹饪方法上常用烧、靠、烩、焖、蒸、扒、煎、烤诸法。贵族饮食在长期的发展中形成了各自独特的风格和极具个性化的制作方法。

图4 柴把鸭子

图5 芥末鸭掌

民间菜

中国老百姓日常家居所烹饪的肴馔，即民间菜是中国饮食文化的渊源，多少豪宴盛馔，若追本溯源，皆源于民间菜肴。民间饮食首先是取材方便随意，或入山林采鲜菇嫩叶、捕飞禽走兽，或就河湖网鱼鳖蟹虾、捞莲子菱藕，或居家烹宰牛羊猪狗鸡鹅鸭，或下地择禾黍麦粱野菜地瓜，随见随取，随食随用。选材的方便随意，必然带来制作方法的简单易行，一般是因材施烹，煎炒蒸煮、烧烩拌泡，皆因时因地。如北方常见的玉米，成熟后可以磨成面粉、烙成饼、蒸成馍、压成面、熬成粥，也可以将整粒的炒了吃，也可以连棒煮食、烤食。清代郑板桥在其家书中描绘了自己对日常饮食的感悟：天寒冰冻时，穷亲戚朋友到门，先泡一大碗炒米，再加上一小碟酱姜，喝下去全身暖暖的，再好不过了！

图6 玉米饼

如此寒酸清苦的饮食，竟如此美妙，就是因为它能够满足人的基本需求。

聚焦古代饮食礼仪

饮食礼仪是饮食文化的一个重要部分。据史料记载，周代时，饮食礼仪便已形成了一套比较完善的制度。这些饮食礼仪在后来的社会实践中不断完善，在古代社会发挥过非常重要的作用，对现代社会依然有着深远影响。

宴饮礼仪

中国古代的宴饮礼仪是按阶层划分的，如宫廷、官府、行帮、民间等。一般的程序是，主人发出邀请，到期在门外迎接客人；客人来到，先致以问候，再请入客厅小坐，敬以茶点；席中的座次以左为首座，相对者为第二位，首座之下为第三位，二座之下为第四位，依据客人身份引导坐入相应座次。客人坐定，由主人敬酒让菜，客人以礼相谢。宴毕，引导客进入客厅小坐，再上茶，直到辞别。席间斟酒上菜的时候，也讲求一定的规程。

而作为客人，赴宴时要讲究仪容，要守时守约；到达后，先根据认识与否，自报家门，或由东道主进行引见，听从东道主的安排，然后入座。

排座次，是整个中国饮食礼仪中最重要的一项。总的来讲，座次“尚左尊东”，以“面朝大门为尊”。在家宴中，首席为辈分最高的长者，末席为最低者；宴请时，首席为地位最尊的客人，请客的主人则居末席。首席未落座，客人们都不能落座；首席未动筷，客们们都不能动筷。饮酒时，自首席按顺序一路敬下。

这类宴礼的形成，有比较长的历史过程，在清末民初就已经有现代所具备的这些程式了。如《民社北平指南》所云：“宴请官长，或初交、或团体，须于大饭馆以整桌之席访之。若知己朋友，则可不拘。届时，主人必先至以迎客，客至奉茶，陪座周旋。客齐人席，次序以左为上，右为次，上座之友为三座，次座之右为四座，以下速推。主人与首座相对，举杯通饮，客人起立举杯致谢。然后就座，且餐且饮。菜肴先上冷荤，后上热食，继以最贵肴撰。每进一肴，主人必举杯劝酒、举箸劝食。饭毕略用茶，即向主人致谢而去。”

古代食仪

在中国古代，在饭、菜的食用上都有严格的规定，通过饮食礼仪体现等级区别。如王公贵族讲究牛肉宜配稻饭，羊肉宜配黍饭，猪肉宜配稷饭，狗肉宜配粱饭，鹅肉宜配麦饭，鱼肉宜配菰米饭，凡君子的膳食都应遵循这种调配原则；菜肴众多，“凡王之馈，食用六谷，膳用六牲，饮用六清，羞用百有二十品，珍用八物，酱用百有二十瓮”；而贫民的日常饭食则以豆饭藿羹为主，“民之所食，大抵豆饭藿羹”。

在古代，不仅讲求饮食规格，而且连菜肴的摆设也有规则。据《礼记·曲礼》记载，就餐时，带骨的菜肴放在左边，切的纯肉放在右边。干的食品菜肴靠着人的左手方，羹汤放在靠右手方。细切的和烧烤的肉类放远些，醋和酱类放在近处。蒸葱等伴料放在旁边，酒浆等饮料和羹汤放在同一方向。如果要分陈干肉、牛脯等物，则弯曲的在左，挺直的在右。上菜时，要用右手握持，而托捧于左手上；上鱼肴时，如果是烧鱼，以鱼尾向着宾客；冬天鱼肚向着宾客的右方，夏天鱼脊向着宾客的右方。这些讲究是为了敬客、尊长，以及食用方便。

在用餐过程中，也有一套礼节。《礼记·曲礼》载，大家共同吃饭时，不可只顾自己吃饱。如果和别人一起吃饭，就要检查手的清洁。不要用手搓饭团，不要把多余的饭放进锅中，不要喝得满嘴淋漓，不要吃得啧啧作声，不要啃骨头，不要把咬过的鱼肉又放回盘碗里，不要把肉骨头扔给狗。不要传递食物，也不要晃荡热饭，吃黍蒸的饭时要用手而不用筷子，不可以大口囫囵地喝汤，也不要当着主人的面调和菜汤。不要当众剔牙齿，也不要喝腌渍的肉酱。

古人对用筷的礼仪也有很忌讳，包括“仙人指路”（是指用大拇指和中指、无名指、小指捏住筷子，而食指伸出的拿筷子方法）、“品箸留声”（是指把筷子的一端含在嘴里，用嘴来回去嘬，并不时发出咝咝声响）、“击盏敲盅”（是在用餐时用筷子敲击盘碗）、“执箸巡城”（是指手里拿着筷子，做旁若无人状，用筷子来回在桌子上寻找，不知从哪里下筷为好）、“迷箸刨坟”（是指手里拿着筷子在菜盘里不住地扒拉，以求寻找食物）、“泪箸遗珠”（是指用筷子往自己盘子里夹菜时，将菜汤流落到其他菜里或桌子上）、“颠倒乾坤”（是指将筷子颠倒使用）、“定海神针”（是指用一只筷子去插盘子里的菜品）、“当众上香”（帮别人盛饭时，为了方便省事把一副筷子插在饭中递给对方）。上述用筷礼仪禁忌大多延续至今。

除了自己要讲究饮食礼仪外，古人还注重加强对子女饮食礼仪的教育。至今，香港有句俗语：“餐头食饭教仔女”，源自《礼记》中有关饮食礼仪的内容，意即要教导子女，就要从饮食礼仪开始。这种做法，值得现在的我们学习借鉴。

史论纵横

第一个发明酒的人是谁？

关于酒的发明者，历来说法不一，主要有以下几种说法。

仪狄酿酒

相传夏禹时期的仪狄发明了酿酒。《吕氏春秋》云：“仪狄作酒。”西汉刘向的《战国策》则进一步说明：“昔者，帝女令仪狄作酒而美，进之禹，禹饮而甘之，曰：‘后世必有以酒亡其国者。’”可见为了不沉迷于此，夏禹疏远了仪狄，下令不许造酒。

杜康酿酒

另一则传说认为酿酒始于杜康（亦为夏朝时代的人）。东汉《说文解字》中解释“酒”字的条目中有：“杜康作秫酒。”《世本》中也有同样的说法。

酿酒始于黄帝时期

另一种传说则表明在黄帝时代人们就已开始酿酒。汉代成书的《黄帝内经》中记载了黄帝与岐伯讨论酿酒的情景，书中还提到一种古老的酒——醴酪，即用动物的乳汁酿成的甜酒。黄帝是中华民族的人文始祖，很多发明创造都出现在黄帝时期。但《黄帝内经》一书实乃后人假借黄帝的名义所写，其可信度尚待考证。

酒与天地同时

更带有神话色彩的说法是“天有酒星，酒之作也，其与天地并矣”。

这些传说尽管各不相同，但大致说明酿酒早在夏朝或者夏朝以前就存在了，这一点已被考古学家所证实，是可信的。夏朝距今4000多年，而目前已经出土了距今5000多年的酿酒器具，表明我国酿酒的历史在5000年前就已经开始，而酿酒的起源当然还应在此之前。

史说新语

美食配美器

中国饮食文化跟器具的发展也是离不开的。中国的饮食器具有着丰富的文化意蕴，它们既是专职等级的礼制标志，又实现了实用价值和审美价值的统一。

图7　灰陶釜灶

2008年5月，“美食配美器——中国历代饮食器具展”在香港举行，展出了100多件与“吃”有关的器具。现场展出的灰陶釜灶是已知发现较早且完整的炊具。

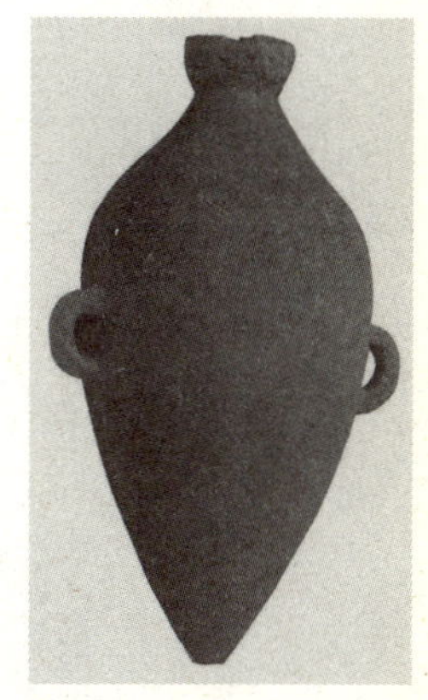

图8　双耳小口尖底瓶

在旧石器时期，人类以烧烤为主，到了新石器时期，则开始用水煮、气蒸的手法，北方吃粟，南方吃稻。现场一件新石器时代的双耳小口尖底瓶，两边的耳孔吊着绳子，放进河里入了水，陶瓶便会立起来，可见当时的先人在打水方面也很有智慧。

到了夏商周及春秋战国时期，讲究饮食礼仪，闻名遐迩的青铜器工艺达到全盛期。由于这段时期注重礼祭，出现了许多酒器，其中最特别的是铜冰鉴，是冰酒器具，内置方形罐，用以盛酒。现场也展出了同时期常用的漆器餐具仿制品。

图9 铜冰鉴

汉代的展品中较特别的有铺首衔环铜甗（yǎn），是当时的铜烤炉，反映出当时人们已有完整的炉灶设备。这座船型的陶灶是南方流行的款式，而北方只用简单的长方形炉灶。

图10 铺首衔环铜甗

隋唐是我国文化与国势强盛时期，各民族在饮食文化上进一步交流融合，菜肴品种大增，建立了不同的饮食流派。当时，着重华丽的生活，金银及玻璃器皿相继出现，并且造工精巧。现场展出的隋唐食器有金足金杯。

图11 北魏青瓷莲花尊

至于其他朝代的展品，较特别的有东汉宴饮杂技画像砖、北魏青瓷莲花尊、辽莲瓣形柄金杯、南宋影青瓷酒注及温碗及清道光粉彩锦荔枝盖碗等。

图12 南宋影青瓷酒注及温碗

【参考文献】

1. 许博渊《对中国饮食文化的思考》，《书屋》2012 年第 7 期。

2. 姜海、周佳琪《〈舌尖上的中国〉火爆的原因探析》，《新闻世界》2012 年第 10 期。

3. 张晓刚《追寻美食配美器的〈中国饮食器具发展史〉》，《大连大学学报》2013 年第 2 期。

二十一　“来自星星的你”

——中国古代的二十四节气

说起二十四节气，恐怕我们最熟悉的莫过于《二十四节气歌》：“春雨惊春清谷天，夏满芒夏暑相连，秋处露秋寒霜降，冬雪雪冬小大寒。”二十四节气，作为我国古代重要的历法之一，源自太阳系中唯一的恒星——太阳。根据歌谣，你能说出二十四节气的名字吗？为什么说它是来自太阳呢？二十四节气在今天有什么新的发展吗？接下来，让我们一起来了解来自星星的你——二十四节气。

史实寻踪

二十四节气的含义

二十四节气是按照春夏秋冬、寒暑易季的气候，把每年365天进行等分，每个节气15天左右，告诉人们岁时顺序，教民耕作，不误农时。二十四节气的顺序和含义如下：

季节	节气名称	节气公历日期	节气含义
春季	立春	2月4、5日	“立”是“开始”的意思，即春季开始
	雨水	2月19、20日	降雨开始，雨量渐渐增多
	惊蛰	3月5、6日	春雷乍动，惊醒了冬天蛰伏土中的冬眠生物。惊蛰前后乍寒乍暖，气温变化较大
	春分	3月20、21日	阳光直射赤道，昼夜几乎等长。我国广大越冬作物将进入春季生长阶段
	清明	4月4、5日	气温回升，天气逐渐转暖
	谷雨	4月20、21日	雨水增多，利于谷物生长
夏季	立夏	5月5、6日	夏季开始，万物生长，欣欣向荣
	小满	5月21、22日	麦类等夏熟作物此时颗粒日渐饱满，但未成熟
	芒种	6月5、6日	麦类等有芒作物已经成熟，可以收藏种子
	夏至	6月21、22日	阳光直射北回归线，出现“日北至，日长至，日影短至”现象，故曰“夏至”
	小暑	7月7、8日	入暑，标志着我国大部分地区进入炎热季节
	大暑	7月22、23日	这一时期是我国广大地区一年中最炎热的时期，但也有反常年份，“大暑不热”，雨水偏多

（续表）

季节	节气名称	节气公历日期	节气含义
秋季	立秋	8月7、8日	草木开始结果，到了收获的季节
	处暑	8月23、24日	“处”为结束的意思，暑气即将结束，天气将变得凉爽了。由于正值秋收之际，应特别注意降水天气
	白露	9月7、8日	由于太阳直射点明显南移，各地气温下降很快，天气凉爽，晚上贴近地面的水汽在草木上结成白色露珠，由此得名“白露”
	秋分	9月23、24日	日光直射点又回到赤道，形成昼夜等长
	寒露	10月8、9日	此时太阳直射点继续南移，北半球气温继续下降，天气更冷，露水有森森寒意，故名为“寒露”。我国大部分地区开始秋收秋种
	霜降	10月23、24日	天气渐冷，开始有霜。霜对生长中的农作物危害很大
冬季	立冬	11月7、8日	冬季开始
	小雪	11月22、23日	北方冷空气势力增强，气温迅速下降，降水出现雪花，但此时为初雪阶段，雪量小，次数不多，黄河流域多在“小雪”节气后降雪
	大雪	12月7、8日	降雪量增多，地面可能积雪
	冬至	12月21、22日	此时太阳几乎直射南回归线，北半球则形成了“日南至、日短至、日影长至”现象。冬至以后，北半球白昼渐长，气温持续下降，并进入年气温最低的“三九”时节
	小寒	1月5、6日	此时气候开始寒冷
	大寒	1月20、21日	一年中最冷的时候

从二十四节气的命名可以看出，节气的划分充分考虑了季节、气候、物候（是指生物长期适应温度条件的周期性变化，形成与此相适应的生长发育节律，这种现象称为物候现象，主要指动植物的生长、发育、活动规律与非生物的变化对节候的反应）等自然现象的变化。其中，立春、立夏、立秋、立冬、春分、秋分、夏至、冬至是用来反映季节的，将一年划分为春、夏、秋、冬四个季节。春分、秋分、夏至、冬至是从天文学角度来划分的，反映了太阳高度变化的转折点；而立春、立夏、立秋、立冬则反映了四季的开始。

小暑、大暑、处暑、小寒、大寒5个节气反映气温的变化，用来表示一年中不同时期的寒热程度；雨水、谷雨、小雪、大雪4个节气反映了降水现象，表明降雨、降雪的时间和强度；白露、寒露、霜降3个节气表面反映的是水汽凝结（气体遇冷而变成液体）、凝华（物质从气态直接变成固态的现象）现象，但实际上反映了气温逐渐下降的过程和程度：气温下降到一定程度，水汽出现凝露现象；气温继续下降，不仅凝露增多，而且越来越凉；当温度降至摄氏零度以下，水汽凝露为霜。

小满、芒种则反映有关作物的成熟和收成情况；惊蛰、清明反映的是自然物候现象，尤其是惊蛰，它用天上初雷和地下蛰虫的复苏来预示春天的回归。

二十四节气的来历

二十四节气起源于黄河流域，是根据太阳在黄道（即地球绕太阳公转的轨道）上的位置来划分的。视太阳从

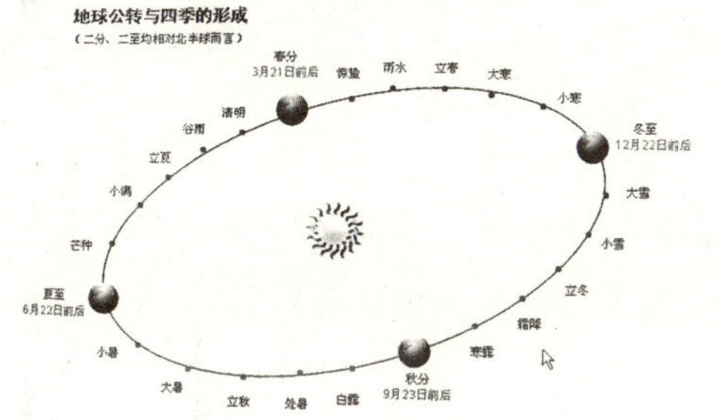

图1 二十四节气在黄道上的位置

春分点（黄经零度，此刻太阳垂直照射赤道）出发，每前进15度为一个节气；运行一周又回到春分点，为一回归年，合360度，因此分为24个节气。在月首的叫“节气”，在月中的叫“中气”，现在人们已经把“节气”和“中气”统称为“节气”了。

春秋时，我国古代天文学家用圭表测日影（直立于平地上测日影的标杆和石柱，叫作表；正南正北方向平放的测定表影长度的刻板，叫作圭。当太阳照着表的时候，圭上出现了表的影子，根据影子和方向和长度，就能读出时间）的方法，定出春分、夏至、秋分、冬至四大节气。

图2 圭表测日影

随着农业生产的实践和天文观测的发展，至战国时期，又补充了立春、立夏、立秋、立冬四个节气。战国后期的《吕氏春秋·十二月纪》中最早记载了立春、冬至等8个节气。公元前104年，由邓平等人制定的《太初历》，正式把二十四节气定于历法，明确了二十四节气的天文位置。至东汉时，则形成了现在通用的二十四节气。这在《淮南子·天文训》中有完整的记载，这是历史上关于二十四节气的最早记录。

二十四节气是我国人民的独特创造，它充分表达了中华民族的智慧和古代天文事业的发展水平。它综合了天文学、气象学以及农作物生长特点等多方面知识，比较准确地反映了一年四季的基本特征，适宜于农民从事农业生产活动的安排。它虽产生在黄河流域，但在全国都有普遍意义。几千年来，无论大江南北，还是长城内外，人们都熟悉二十四节气会并因地制宜地运用它来指导当地的农事活动。

历史上，还出现了许多与二十四节气相关的谚语、歌谣、传说等，也有传统生产工具、生活器具、工艺品、书画

等艺术作品，还包括与节令关系密切的节日文化、生产仪式和民间风俗。

比如，在岭南有“春分吃春菜”的习俗。春菜是一种野苋菜，乡人称之为“春碧蒿”。逢春分那天，全村人都去采摘春菜，再采回的春菜与鱼片“滚汤”，名曰“春汤”。有顺口溜道：“春汤灌脏，洗涤肝肠。阖家老少，平安健康。”很多地方还有“春分竖蛋”的习俗，指的是在春分这一天，选一个光滑匀称、刚生下四五天的鸡蛋，轻手轻脚在桌上把它竖起来。据说4000年前，华夏先民就开始以此庆贺春天的来临，因此“春分到，蛋儿俏”的说法流传至今。并且，这个习俗也早已传到国外，成为“世界游戏”。

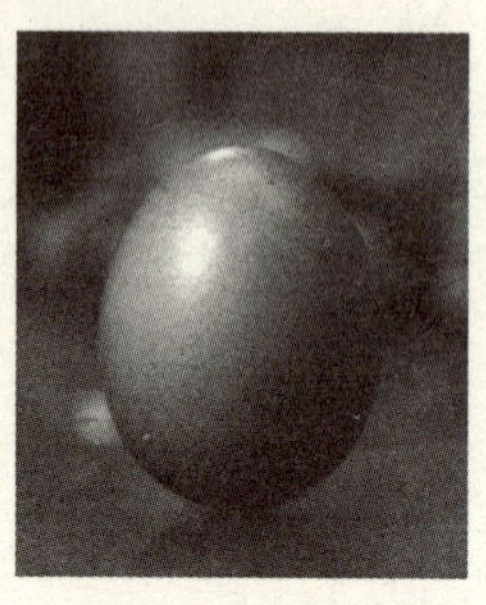

图3 竖 蛋

在山东各地，还有“冬至饺子夏至面”的说法。夏至这天，山东各地普遍要吃凉面条，而冬至那天就是吃饺子。古时，在谷雨这天青年妇女走村串亲，或者到野外走走，寓意与自然相融合，强身健体，称为“走谷雨”。立夏有迎夏、尝新、斗蛋、秤人的习俗。芒种日，民间多举行祭祀花神仪式，饯送花神归位，同时表达对花神的感激之情，盼望来年再次相会。这些多种多样的民俗内容，丰富了二十四节气这一非物质文化遗产的内核。

史论纵横

二十四节气与养生

中医学的理论基础是“人法地，地法天，天法道，道法自然”，也就是说人们依据于大地而生活劳作，繁衍生息；大地依据于上天而寒暑交替，化育万物；上天依据于大“道”而运行变化，排列时序；大“道”则依据自然之性，顺其自然而成其所以然。每个人出生的时间不同，经络运行也不尽相同，患病时的体征也有区别，治疗上即便是同样的药，也不能起到同样的效果。这就深刻地体现了中医学对疾病治疗的独到之处，即“一人一方，百人百药”。

二十四节气养生也是依据这个自然法则所产生的。这种法则即：人与自然界是统一的整体，人的生命活动也必然与二十四节气紧密相连。一年四季的变化随时影响着人体，二十四节气的变化不一，也必定会引起人的生理和心理不同的变化。因此，应依从二十四节气的要求，进行养生与保健。

《黄帝内经》明确记载了不同节气下的针刺疗法：“正月、二月、三月，人气在左，无刺左足之阳；四月、五月、六月，人气在右，无刺右足之阳……"在不同的节气时，主张治疗也应该有所宜忌，因为人体在四时节气的转化中也会相应地发生阴阳变化，因而又提出："用热远热，用温远温，用寒远寒，用凉远凉。"指出了四时节气用药的戒律。张仲景在《伤寒论》中提及"人参白虎汤"一方时也说："此方在夏至后立秋前乃可服，立秋后不可服。"就是因为白虎汤过于寒凉，如在立秋后服用，则会使机体又受寒邪侵袭，产生"呕利而腹痛"的病症。这些诊治上的原则，虽然不能当成教条照搬，但也不能一概忽视。

另外，中医认为，药物的采摘也要注意节气的不同，因为草药生于自然之中，与人一样"感天地之气以生"，节气不同，就会有温度、光照、水分条件的差异，同类中药在不同节气采摘效能也有所区别。东汉华佗治疗一位黄痨病（肝炎）患者时，开始以青蒿入药却无效，开春时以幼嫩新鲜的青蒿入药则有效，因此华佗为这种有药效的青蒿取名为"茵陈"，还特别告诫："三月茵陈能治病，四月青蒿当柴烧。"

再以附子为例，唐朝就记载其药效与"采时收月"有关。研究表明，立夏至秋分（5—9 月）的附子的冷浸液可抑制心脏传导，而立冬至下年雨水（11—2 月）的则不仅没有抑制作用，反而有强心作用。这正说明药材的采摘必须与节气相适应，才能发挥其药效。

因此，养生必须与节气保持一致，才有利于身体健康。

史说新语

二十四节气文化的传承

作为我国优秀传统文化之一，二十四节气于 2006 年入选第一批国家非物质文化遗产名录，近几年更是成为邮票、舞剧等作品的主角。

邮票

二十四节气邮票全套 24 枚，依照四季的概念，分四组发行，发行时间分别定于 2015 年、2016 年、2018 年、2019 年。目前已发行两组，2015 年 2

图 4

月4日发行立春邮票，一套6枚，内容分别为立春、雨水、惊蛰、春分、清明、谷雨。2016年5月5日发行立夏邮票，一套6枚，内容分别为立夏、小满、芒种、夏至、小暑、大暑。

舞剧

《二十四节气·花间十二声》大型舞剧，由总导演高艳津子重新编排，于2015年6月12日至14日上演。舞剧从我国古有的智慧和情韵中获取营养，将花神、狐狸、蛇、虫子、人等多种生命形态置于二十四节气里穿梭，天、地、神、人深情互动，完成生命的延续、岁月的流转。

图5

如今，虽不像古时那样依赖二十四节气来指导农事及我们的衣食住行，但二十四节气被赋予了更加丰富的内涵，我们也正以更加丰富的方式传承中华民族的这一优秀文化。

【参考文献】

1. 王景义《浅议二十四节气的产生和应用》，《绥化师专学报》1999年第4期。

2. 梅晶《上古节气词的演变及二十四节气名的形成》，《怀化学院学报》2011年第3期。

3. 周红、尚超《正确认识和对待中国传统文化——以二十四节气为例》，《渤海大学学报》2015年第1期。

二十二　古代求学记

——古代学校教育的那些事儿

每年的9月，都是秋季入学的时间。学龄孩子从这时起，就进入了人生的学习旅程。从小学、中学到大学本科毕业，共有16年的时间在学校度过，漫漫求学路上既有欢乐也有苦涩。

相比之下，中国古代学生上学却又是另一番情景。那么，古代学生需具备什么条件才能入校学习？古代学校设置哪些科目？古代学校又是如何考试的？来吧，一起来看看古代学生求学记。

史实寻踪

古代学校的两大系统

古代学校分两条腿走路，即官学与私学，两个系统又拥有不同的学校。

古代官学：太学与国子监

太学原本指周代设立在天子都城的学校，也称“辟雍”。到公元前135年，汉武帝接受董仲舒的建议，在长安设立了国家最高学府，取名“太学”，以五经博士（学官名）为教授，置博士弟子50人，历经发展，到公元1世纪末的王莽掌政时期，太学弟子已多达1万余人，到公元2世纪的东汉中期，设立在洛阳的太学，就读学生竟多达3万人，可见中国古代官学规模之大。

图1　汉代讲经画像砖

国子监由晋代的国子学发展而来，至公元6世纪，隋文帝改国子监为“国子寺”，统一管理国子学、太学等，后来又将国子寺改为“国子监”，唐代沿袭旧制，在国子监下设立国子学、太学、四门学、律学、书学、算学等不同类型的学校，称为“六学”。唐代以后，国子监几经变化，到明代成为兼有教育管理机关和最高学府两种性质机构，到清代又取代太学，成为国家唯一的最高学府，职权范围已大大缩小。现存完好的国子监在北京，是元、明、清三代国子监的旧址。

图2 国子监

古代私学：私塾与书院

私塾在古代又称“学塾”“教馆”“乡塾”“家塾”等，《尚书》中已有记载，单称“塾”。一般认为，孔子创立的私学就应当属于“塾”。“私塾”的名称是近代以来的事。按照施行教学的程度，人们把私塾分成“蒙馆”和“经馆”两类。蒙馆的学生主要为儿童，重点是对儿童进行启蒙；经馆的学生则主要是成年人，学习的目的是应对科举。

私塾在设置方面，又分为“义塾”“族塾”“家塾”和“自设馆”等。义塾是公益性的，面向清贫家庭的子弟；族塾则属于宗族内部办学，往往设在宗祠内，招收本族子弟；家塾是富家大户聘请名师宿儒在家专门教授自己的子女；自设馆是塾师自行设馆招生，不拘姓氏。私塾教师的文化水平悬差别很大，既有名师大儒，也有粗通文墨的平庸之辈。私塾的教学形式与内容很少变化，大量存在的私塾为古代教育的普及起了很大作用。

图3 私塾

书院是中国古代教育的一种特殊形式，有点类似今天的私立大学。它最早出现在公元639年的唐代初年，是一个私人读书治学的场所。其后，唐朝中央政府设立“书院”，用于收藏和校勘图书。到公元10世纪中叶的宋代初年，作为教育机构的书院才真正兴起，而在公元18世纪的清朝时，书院已完全被官方控制，演变为官学的附庸。

古代学子的求学之路

入学资格

中国古代依据学校性质的不同，招收的学生也不相同。官学特别是中央官学，主要是面向官员子弟。以唐代“六学”为例，国子学招收三品以上官员的子孙入学；太学招收五品以上官员的子孙；四门学招收七品以上官员的子孙及平民中的学习优异者；书学、算学、律学允许八品以下官员的子孙及平民中有才干的人入学。地方的州县官学，入学条件相对宽松，对学生的家庭情况要求不高。官学对于入学年龄没有统一要求。

不过对广大平民子弟来说，进入私学学习是较为普遍的情况。入私学的年龄，在不同时期也有所变化，最为主流的是8岁入学，民间有“八岁孩提子，从师入学堂”的说法。很多名人如东汉哲学家王充、宋代文学家苏轼，都是8岁入学的。相对来说，唐代孩子的入学年龄和现代差不多，要比之前和之后的朝代提前1至2岁，即6岁或7岁入学也可以，如唐代医学家、药王孙思邈便是7岁就学的。在古代，晚入学也是一件很正常的事。比如明朝有规定“8岁以上、15岁以下，皆入社学”（所谓社学就相当于现在的乡村小学，这类学校入学门槛较低，入学时不需要考试，招生数额也没有限制，凡是愿意读书的，都可以来参加）。当然，即使你超过15岁，你依然可以“上小学”。古代20岁读小学也是很正常的，甚至还有30岁读小学的特例。

入学仪式

在古代，学童入学前，要举行隆重的“开学仪式”，称为“入学礼”。“入学礼”被视为人生的四大礼之一，与成人礼、婚礼、葬礼相提并论。“入学

图4

礼”大体分为四个步骤。

第一，正衣冠。古人非常重视仪表，《礼记·冠义》中说：“礼义之始，在于正容体，齐颜色，顺辞令。容体正，颜色正，辞令顺，而后礼义备。”可见，仪表的整洁、庄重是一切礼仪的开始。在清朝的“入学礼”中，学童们要穿正式的长袍、黑缎子马褂，戴圆形的黑缎帽，衣冠齐整，在学堂前排成整齐的队伍，恭候先生，由先生领入学堂。

第二，行拜师礼。步入学堂后，先要举行拜师礼。学生先要叩拜“至圣先师”孔子神位，双膝跪地，九叩首；然后是拜先生，三叩首。拜完先生，学生向先生赠送六礼束脩。所谓六礼束脩，就是古代行拜师礼时学生赠予老师的六种礼物，分别是：芹菜，寓意为勤奋好学，业精于勤；莲子，莲子心苦，寓意苦心教育；红豆，寓意红运高照；红枣，寓意早早高中；桂圆，寓意功德圆满；干瘦肉条，以表达弟子心意。

第三，净手静心。行过拜师礼后，学生要按先生的要求，将手放到水盆中“净手”。“净手”的洗法是正反各洗一次，然后擦干。洗手的寓意在于净手净心，去杂存精，希望能在日后的学习中专心致志、心无旁骛。

第四，开笔。开笔的内容主要有：朱砂开智、击鼓明智、描红开笔等。朱砂开智是用朱砂在学生的额头正中点上红痣，取“痣”和“智”的谐音，预示着将来学业有成。击鼓明智，是用鼓声警示学生，要勤奋不懈怠。描红开笔，是学童将自己带去的红纸铺在桌上，然后先生手把手的教学学生写笔画。开笔先生被称为“启蒙恩师”，如果学生将来学业有成，首先就要向启蒙恩师谢恩。

入学时间

古代是农业社会，一切围绕着农业展开，学业同样如此。古人选择开学时间一般会选择农闲时间，以此让家长不用为孩子上学耽误农活而担心。汉朝时，一般有三种入学时间：正月农事未起、八月暑退、十一月砚冰冻时，简单概括就是春季入学、秋季入学和冬季入学。一般来说，春季入学多在正月十五以后，而秋季入学则和现代开学时间较为接近。到了南北朝，冬季入学成了主流，不过在开学时间上和此前略有不同，一般为农历的十月。

古代学生的假期

古代学生也是有假期的，只不过不同学校的假期天数有所变化。私塾在每年十二月初十到次年正月十五之间放假，时间为35天左右，其余只有清明、端午各放一天。官学的假期有常假和特假。唐朝时，常假是每10天放假一天；特假有“田假”“授衣假”等。“田假”是在每年阴历五月份开始放假，时间为一个月左右，出身农家的子弟可以回家帮忙干农活；“授衣假”是指每年阴历九月份以后，天气渐渐变冷，为的是让学生回家取衣服，时间也是一个月左右。如果假期结束后不能按时返校，或一年中违规放假超过30天，或事故假超过100天，或病假超过200天的，都要勒令退学。

古代学校的考试

古代也是通过考试来检查学生的学业情况。俗话说“小考天天有，大考三六九”，在古代还真有这种情况。每个朝代，具体的考试时间和考试方式都不相同。

西汉时，每年考试一次，方式是“设科射策”，类似今天的抽签答问，分甲、乙两科，以区别程度高低，如发现该学生属于下材或有一种经书不通，就勒令退学。东汉中期，改为每两年考试一次，通过者就授予官职，未通过者留下继续学习。

隋唐时期的考试分“旬考”“岁考”和“毕业考”三种，旬考内容为十日之内所学的课程，不及格者要受罚；岁考内容为一年之内所学的课程，不及格者要留级。一个人如果学了九年，还没有什么成就，就会被要求退学。

宋元时期在太学实行“三舍法”，即将学生分为外舍、内舍、上舍三个等级，学生必须依照学业程度，通过考核，依次升舍，外舍升内舍，内舍升上舍。平时有品行（“行”）和学业（“艺”）的考察记录，每月由任课教师举行“私试”，每年由学校举行“公试”，合格者就可依次升舍。

到清代，学校考试会依讲课和教学方式与内容的不同，而采取不同的考试形式。公课、月课一月考一次，季课一年考四次。如果重要考试考砸了，还允许“补试”。

古代考试成绩的评定方式较为丰富，有“十分制”“打钩制”“评语制”等，但是没有现代流行的“百分制”。以“打钩制”来说，优秀的打“○”，一般的打“△”，差的打“✕”。

古代学校的学科与教材

周代，学生学习的科目为“六艺”，即礼、乐、射、御、书、数。“礼”即礼教，指人在国家政治生活与社会生活中的道德行为规范和个人素养的训练；“乐”即乐德之教，包括音乐和舞蹈；“射”即射箭；“御”即骑马；“书”即写字；“数”即算数。

自汉代以后，古代教学的主要科目就是儒学，其教材就是被称为儒家经典的“五经”，即《周易》《尚书》《诗经》《仪礼》《春秋》，后来用《礼记》代替《仪礼》，将《左传》并入《春秋》，仍称“五经”。

此后，历代王朝对儒家经典续有增加，一直扩展到“九经”“十二经”“十三经”，并且从汉代开始将规定学习的经书刻写在石碑上，立在太学前。现存唐代的《开成石经》（“十二经”）保留在西安碑林博物馆，现存清代的《乾隆石经》（“十二经”）保留在北京孔庙中。

图5 西安碑林博物馆的“十三经”刻石

图6 北京孔庙中的“十三经”刻石

宋明以后，理学兴起，各地书院以传授理学为己任，教材除了《五经》之外，又有朱熹亲定的“四书”，即《论语》《大学》《中庸》和《孟子》，同时加上理学家的著述，如周敦颐的《太极图说》、“二程”著述、朱熹的《朱子语类》、王守仁的《传习录》等。

当然，在系统接受经书教育之前，学生还要接受蒙学教育。蒙学教育的内容主要是识字、习字和道德教育。传统上，蒙学教材有南朝梁代周兴嗣编著的《千字文》、相传宋代王应麟编著的《三字经》、宋代无名氏编著的《百家姓》、明末程登吉编著的《幼学琼林》、清代李毓秀编著的《弟子规》等。

古代学校教材简表（以明代为例）：

私学		太学(国子监)		
初级	高级	一级	二级	三级
《蒙求》《三字经》《百家姓》《千家诗》《幼学琼林》等	《大学》《论语》《中庸》《孟子》等	正义堂 崇志堂 广业堂	修道堂 诚心堂	率性堂
		“廿十一史”《御制大诰》《诽谤榜册》《古今列女传》“四书五经”《性理大全》《御制为善阴骘》《御制孝顺事实》《御制五伦书》《历代名臣奏议》《明伦大典》《大明集礼》等		

史论纵横

天下书院有“几大”？

书院是古代重要的教育机构，最初是由富人和学者自行筹款创建或置办学田收租以充经费的民间学馆，后来变成由朝廷赐敕额、书籍，并委派教官、调

图7

拨田亩和经费等，逐步成为半民半官性质的地方教育组织。“书院”之名始于唐代的丽正书院和集贤殿书院，其职责为收集整理、校勘修订图书。到了宋代，书院得到了大发展。

“四大书院”的说法最早出现于南宋，起初是对北宋时期四大著名书院的称谓。这是对当时具有广大影响力的书院的一种称谓或褒奖，是对书院历史悠久、官方褒扬、朝廷赏赐、名人主讲、人才辈出、规模较大等特点的称道。除了“四大书院”，还有“六大书院”“八大书院”之说。

1. 四大书院说：南宋范成大在《骖鸾录》中提出“天下有书院四”，即应天书院、岳麓书院、石鼓书院、徂（cú）徕（lái）书院。南宋马端临在《文献通考》中也持这一说法，清代全祖望也赞同这一说法。

2. 六大书院说：即应天书院、岳麓书院、白鹿洞书院、嵩阳书院、石鼓书院、茅山书院。盛朗西、陈登原在《中国书院制度》一书中提出这一说法。

3. 八大书院说：即应天书院、岳麓书院、嵩阳书院、白鹿洞书院、石鼓书院、茅山书院、龙门书院、徂徕书院。陈登原《国史旧闻》引用了这一说法。

后来，大家普遍认可为应天书院、岳麓书院、嵩阳书院、白鹿洞书院为“四大书院”，也有人认为石鼓书院应位列其中。

由此看来，从古至今，各大书院说法不尽相同，但都有其依据。古代书院，都是以封建思想为指导，宣扬占据统治地位的儒家学说，因此以封建正统的经、史、子、集构成了书院藏书的主体。但是，书院中还包含着自由讲学的成分，尤其一些私人设立或地方设立的书院，热衷于自由研究学问，在书院建立自由讲学制度，教学方式多采取启发诱导式，提倡学生自学以博览群书，老师加强指导以授道解惑，众多学者和生徒在书院接受这种教育，学术争鸣空气比较活跃，促进了封建社会教育事业的发展。

图8　朱熹和张栻会讲的情景

史说新语

南京小学举行“开笔礼”仪式

2016年8月31日，南京夫子庙小学一年级新生入学仪式“开笔礼”在夫子庙广场举行。

图9　孩子们学写“人”字

“开笔礼”属于学校“尚礼课程”，主要培养学生形成文明礼仪规范，引导学生学会做人、做好人，在开学第一课上，168名新生从“人”字学起。文化名人成尚荣先生、教育管理和理论专家彭钢先生等作为嘉宾为孩子点朱砂，并为孩子们送上了入学第一本书《星星论语》。“开笔礼”是一年级新生特有的开学典礼，是小学生走进学校的第一课，学校希望通过这样的仪式，让孩子们在国学经典的氛围中熏陶成长。

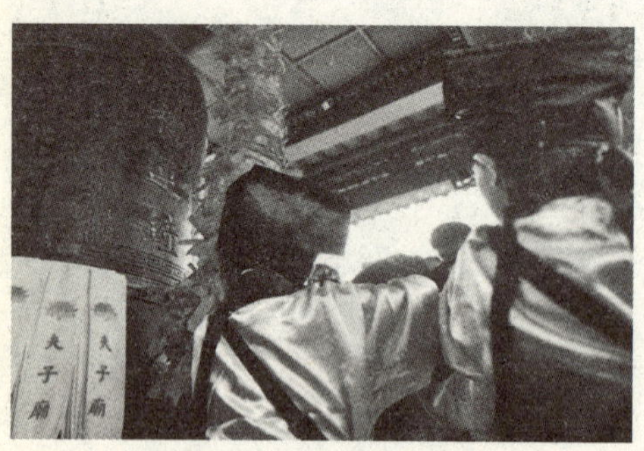

图10　孩子们敲响礼运钟

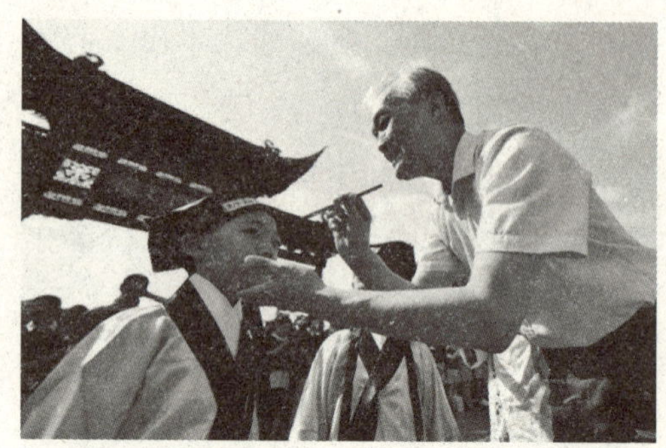

图11　嘉宾为孩子点朱砂

【参考文献】

1. 《古代学生的假期：有的学校每月只放假3天》，《北方新报》2014年9月10日。

2. 《天下四大书院的各种说法》，《上饶晚报》2015年8月11日。

3. 《开学第一课：南京小学举行“开笔礼”仪式》，凤凰网2016年9月1日。

二十三　她从画中来

——解读汉字的构成

传说很久很久以前，有两个部落互相仇视，一场大战后，各自剩下了一个人。他们互相看着，准备最后一搏。然而，这时野兽出现了。于是两个人背靠背互相依存，互相防守，终于挨过了危机。朴实的人们懂了一个道理，背靠背的力量是人赖以生存的必要条件，于是古老的部落以背靠背的方式来诠释“人”这个物种。

按照这个传说的解读，“人”字是由背靠背的两个人构成的。而现实生活中有很多人把它看作是叉开两腿站立的一个人，或者是迈开两腿大踏步前进的一个人，特别突出了两条腿的形象。那么，从汉字的起源来看，对“人”字的解读是不是这样呢？

史实寻踪

从画画开始

学术界公认的中国比较成熟的文字是甲骨文，以后又经历了金文、大篆、小篆、隶书、楷书、行书、草书的演变过程。在这一过程中，隶书是中国古今汉字的分水岭，由象形表意发展到符号表意，所以要解读汉字的构成，最好是从甲骨文、金文入手。

“人”是万物的主宰，人类最熟悉的莫过于自身，所以，很多古汉字刚创作出来的时候，都是人与人体不同部位的形象。就让我们从“人”字开始，试着解读中国汉字的构成吧。

图 1　“人”字的形意

看到上面这个字的时候，有没有一种恍然大悟的感觉？原来我们的先人们很形象地画出了一个侧立的人形，上身微微地向前倾，手臂略往上抬，像一个人正在躬身施礼——这分明是一幅简笔画嘛！

再看看这个“人”字的演变过程：

图2 不同字体的“人”

隶书出现之前，只有小篆的“人”字较甲骨文和金文有较大的变化，但仍不失人形。

甲骨文中，有许多由“人”组成的字，一起来看看吧。

先看字，它是一个人的正面形象，张开两臂，叉开两腿，一副顶天立地的样子。这就是古人给我们刻画出的大人的形象，表示“大”的意思。我们知道，“大”和“小”相对，是比较抽象的一个字，大概是古人们看到人的身体由小逐渐长大，所以借用成年人的躯体来表示“大”的含义。但也有人认为，用人的形象表示“大”，体现了以人为大的思想，很有可能是表达人们对逐日的夸父、射日的后羿、补天的女娲以及治水的大禹等古代英雄人物的歌颂。在人们心目中，只有这些征服自然、造福人类的人，才算真正“伟大”的人物。“大”，即“伟大”。

另外，最初的汉字中没有“太”字，只有“大”字，两字相通。从字形来看，“太”只比“大”多了一点儿，表示“太”比“大”更大，或者说“极大”。如太空，就是极高的天空；太学，就是最高学府；太古，就是最古的时代。

和都有一个正面的人形，都在上面加一横，但一个穿过头部，一个在头顶之上，从字形和字义考虑，你猜出是哪两个字了吗？第一个字上面那一横代表头上戴的簪子，因为我国古代有儿童披发、成年男子束发戴簪的习俗，所以用带簪的人表示成年男子，即“夫”。第二个字上面的一横指人的头顶，因为头顶是人至高无上的部位，故引申为自然界的最高处，也就是“天”。

、、三个字很明显都由两个人形组成，只是由于排列组合方式不同，因而构成了三个不同的字，其意义自然也相去甚远。

第一个为两个侧立的人形并排靠着，意思是“并列”，是“比”字。

中间为两个人背靠背站着，面朝相反的方向，本义即“背后、后面”。我们知道，古书中称打了败仗叫“败北”，就是因为两军交战，打了败仗的一方要转向后逃跑，此时背对胜方，故而称为“败北”。随着时间的变化，这个字有了“北”的意思，借指方向。这可能与我国的传统有关：在我国，寒冷的大风来自北面，人们为了保护自己就要背对着它们，所以，北面是背后、寒冷的象征，中国的民居和其他场所也被设计成坐北朝南的形式，就连皇帝上朝理政时也总是面南背北。

第三个字为一正一反两个人形，像两个人躺在那里，表示“变化”，即“化”。你分清楚了吗？

和两个字看上去很相似，都是一个跪坐之人，面前摆着一件器物，但头部略有不同。前面的字指一个人面对食物准备就餐，这就是“即”这个字的本义；后面的字与“即”相反，人把脸扭向后面，表示吃饱了，本义“完、尽、已经”，读作“既”。如此细微的差别，却能恰如其分地表达出不同的含义。

和这两个字的下半部分字形是一样的，是一个容器，区别在于上面的两个人。第一个字的“人”跪坐于地，弯腰低头，再加上中间的那两竖，像不像正在洗头？其实这个字的本义就是“洗头”，是“沐”字的最初模样。第二个字的“人”站在容器中，人体两侧的几个点表示水滴，意思就是“洗澡”，这个字是“浴”。

怎么样，我们在看每一个字的时候，是不是都像在欣赏一幅精心绘制的图画？

我们再来看看另外几个和人有关的字。

图3　“女”与“妇”

后一个字和前一个相比，仅仅多了一把扫帚，它们是什么字呢？估计大家都能猜出来。为“女”字，你看它像不像一个女子两手交叉于前、柔顺跪坐的模样？在甲骨文中，男女性别各有所属，与女性有关的字皆从该字，而“”（人）、“”（大）等字则主要用于男性。那么，古人为什么将“女”设计成这样一个字形呢？这显然不是偶然的。古人家居的姿势，并不像现代人那样坐在椅凳上，而是双膝着地，臀部压在脚后跟上，这便是古人的坐姿。把“女”字设计成这种姿势，恰好体现了女子居家操持家务的职业特点，这和（）（男）字突出男子以农耕为职业的特征相类似。

的左半部是扫帚的形状，右半部是跪着的女子，表示“打扫庭院的人”。因古时女子出嫁后要服从男方，做服侍性事务，故指已出嫁的女子，即“妇”。由于“妇”指已婚女子，已婚女子就是有了丈夫的女子，因此“妇”又指“妻子”，常说的“夫妇”中的“妇”就是指“妻”。

由此看来，“女”和“妇”的区别就在于是否婚嫁。

图4 “子”与“保”

甲骨文、金文中“子”的写法很多，字形不一，但都有一个突出的特点：脑袋大，甚至只有脑袋和头发，算是头部特写吧，如。这是因为小儿的头部比例比成年人大得多，所以要突出头部。图中的是甲骨文众多写法中的一种，像极了襁褓中的婴儿，头大大的，小臂不停地在摇动。由此可见，“子”的本义就是指婴儿，而且是不分性别的。

是一个人向后伸出手臂，托着后背上的孩子，多么形象的一个字！此为“保”字的本义，即“背负孩子”，引申为“护卫”。

下面的几个字都是人体的某个部分：

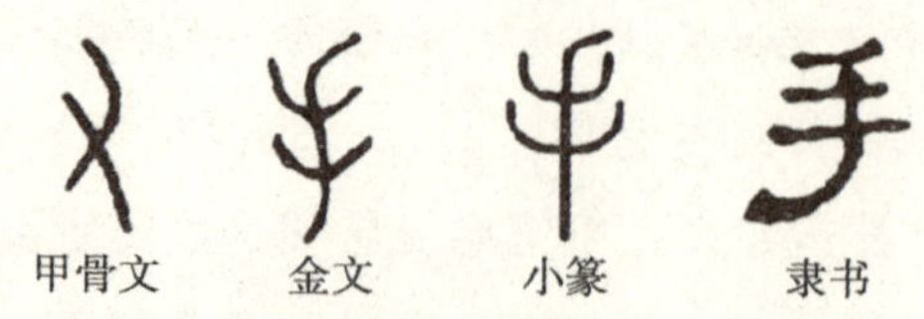

图5 不同字体的“手”

最初甲骨文中的“手”是将五指省略为三指的形状。金文和小篆都是五指，乍一看像一根树枝，手指就是树枝上几根稀疏的叶子，但仔细端详，也能看出以中指为轴、另外四指分列两边的手掌形。在一些由手构成的合成字里，大多都是三指的手，如（及，人被手抓住，指追赶上前面的人）、（笔，用手握笔，指用于书写的工具）等字。

图6 不同字体的“止”

“止”呈脚趾分开的一只脚的形象，有时候是左脚，有时候是右脚。但原本五个的脚趾被省略为三趾，这一点与“手”字相同，可见“止”的本义就是脚。脚是用来走路的重要器官，走路自然要达到某一目的地，所以“止”便引申“出至、到”的意思；到达目的地之后自然不再走了，所以“止”又有了“停止”的意思。但在合成字里，它仍然保持原来的意思——脚，如（步，一前一后两只脚，表示步行)、(出，像一只脚从屋内迈出来，表示从里面到外面)。而“进”是由脚和鸟组成，即。“进”和鸟有什么关系？原来，所有的动物包括昆虫都能往前爬，也能退着爬，人也是能进能退，唯有鸟只能前进不能后退，因此飞鸟的运动就是前进的“进”！这个字能造出来，完全是靠古人的观察和归纳，充满着智慧！

中国的汉字浩如烟海、博大精深，每一个字都是一幅画，甚至是一个故事。本文主要借与“人”有关的字符，对中国汉字的构成进行了简单的解读，可谓是沧海一粟。让我们以此为起点，伴着古老的汉字，去追寻古人们生活的轨迹，去领略他们非凡的智慧吧！

史论纵横

回到画中去

中国汉字起源于图画，后来经过演变，逐渐成为现在这种规规矩矩的方块字。但随着时代的发展，对汉字重新解构，利用汉字独特的形和意，进行再创作的现象越来越普遍。

让我们来看几个比较成功的例子：

这个“吃”字把原来的笔画演化成“碗、勺、筷子、嘴”的图形，既符合“吃”的特点，又能给人留下深刻的印象，激发人们的“食欲”，所以这个创意成为食品业、餐饮业及相关产业的标志性图案，广泛应用于企业的标志和广告宣传中。

图7　创意字“吃”

创意汉字在一些公益广告当中更是经常看到，不时地冲击着人们的视觉，净化着人们的心灵。

图8　创意字“酒”

这是禁止酒驾的一则广告，红绿灯的交通元素与昏晕的汉字组成一个“酒”字，令人警醒。

图9　创意字“廉”

看到这个“廉”字，你会联想到什么？肯定是历史上的大清官包拯！这就是创意的妙处所在，明明就是原有汉字的字形，但又让人看到了包拯的官帽、脸和长长的胡须，以字化画，形象、生动、直观，主题不言自明。

不难看出，这种亦字亦画的创作，更加形象，也更加具有感染力，容易引起人们的共鸣，从而起到广而告之的作用。所以，这种创意汉字在一些广告、工艺品设计等方面应用较多，也很受人们的欢迎。

但是，以上几个例子的创意虽然令人称奇，但都有一个前提，就是始终围绕汉字自身的原意进行再创作，并不是严格意义上的从无到有地“造字”。

史说新语

古有仓颉（cāng jié），今有网络达人

乍一看到这幅画像，有没有眼花的感觉？你没有看错，正是那四只眼睛晃得你头晕眼花，也正是那四只眼睛，成就了“造字圣人”仓颉！

图10　仓　颉

据史书记载，担任黄帝史官的仓颉“四目重瞳”，所以具有异乎寻常的观察力，正因为如此，仓颉才能从鸟兽的蹄印中得到启发，创造出汉字。

仓颉造字是传说，网络达人造字却活生生地存在。

右面几个字，都是在网络上风靡一时的字，有的属于古代生僻字的复活，但更多的则出自网络达人之手，是确确实实的新造字。

图11　网络字

有人曾经把网络上的生造字按照字形来源分成三种：

一是用原有的罕用字、生僻字字形来表达现代意义，最典型的就是这个“囧”字。有些人以为这是一个新字，因为在网络上常常用到这个字，非常流行，又长一副“窘”样，所以它就成了郁闷、悲伤、无奈、尴尬、沮丧的代名词。殊不知它也是一个古字，甲骨文中就已经出现，指“窗户”。只是这个“囧”当“窗”字用的时间并不长，很快就被当作从窗口射进来的光线了，有了“光明”之义。如今“囧”被赋予

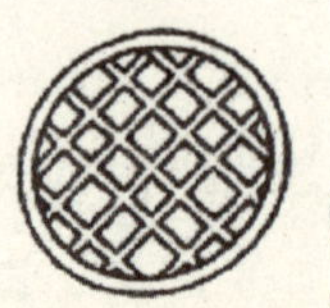

图12　囧字的演变

的新义，倒也符合汉字创作之初的象形之法。“槑”（méi）字也属于这种情况，它原是“梅”的异体字，现在被用来形容某人呆上加呆，即很呆、很傻的意思。

二是借现有汉字进行会意组合。例如，“[买买买]”（qióng），意思是不停地买就会把钱花光，最后变穷；而“嫑”（biào）就是“不要”的意思，发音也正是原词的连读。

三是网络独立的生造字。例如“[duang]”（duang），是象声词，源于有人恶搞香港演员成龙某洗发水广告的视频，原指加特效的声音。

除此之外，还有一种“新意字”，即在原意的基础上赋予新的含义，“偶（我）”“银（人）”等皆可归到此类当中。

网络生造字的走红，一度引起众网民的围观，砖头、鲜花，莫衷一是。其实，这只是自由、宽松的网络时代的一种小众现象。造得好，是对汉字的发扬光大；造得不好，自然很快便遭淘汰。对此，我们大可不必疾恶如仇，也不应大加吹捧。但作为一名学生，还是远离这些生造字，规范用字为好。

【参考文献】

1. 熊国英《图释古汉字》，齐鲁书社2006年。

2. 吴东平《汉字的故事》，新世界出版社2006年。

3. ［瑞典］林西莉著、李之义译《汉字王国》，生活·读书·新知三联书店2008年。

4. 张力为《古时有“嫑”，曾经有“囧”，现在有“Duāng”，面对网络生造字，你怎么看?》，《人民日报（海外版）》2015年3月23日。

图书在版编目（CIP）数据

历史来了.1／高怀举主编.—济南：济南出版社，2018.1

ISBN 978－7－5488－2958－4

Ⅰ.①历… Ⅱ.①高… Ⅲ.①中学历史课—初中—教学参考资料 Ⅳ.①G634.513

中国版本图书馆CIP数据核字(2018)第004601号

出版人 崔刚
项目策划 周家亮
责任编辑 张雪丽 班经
封面设计 胡大伟
出版发行 济南出版社
地址 山东省济南市二环南路1号(250002)
发行热线 0531－86922073(省内) 0531－67817923(省外)
印刷 肥城新华印刷有限公司
版次 2018年1月第1版
印次 2018年1月第1次印刷
成品尺寸 170 mm×240 mm 16开
印张 9.75
字数 145千字
定价 32.00元